365 CRÉATIONS

pour toute l'année

Cet ouvrage reprend les titres suivants de la collection « Les petits créateurs » :

Pâte à sel - Alda
© Fleurus Éditions, Paris, septembre 2001

Argile – Patricia Vibien
© Fleurus Éditions, Paris, mai 2002

Flocons de maïs – Denis Cauquetoux
© Fleurus Éditions, Paris, janvier 2005

Mousse – Vanessa Lebailly
© Fleurus Éditions, Paris, septembre 2001

Papier – Alda
© Fleurus Éditions, Paris, mai 2002

Papier crépon – Denis Cauquetoux
© Fleurus Éditions, Paris, février 2004

Papier mâché – Muriel Damasio
© Fleurus Éditions, Paris, mai 2003

Papier et carton – Christophe Boncens
© Fleurus Éditions, Paris, mars 2011

Bricolo-récup – Vanessa Lebailly
© Fleurus Éditions, Paris, mai 2003

Animaux rigolos – Denis Cauquetoux
© Fleurus Éditions, Paris, janvier 2009

Mosaïques – Marie Enderlen-Debuisson
© Fleurus Éditions, Paris, novembre 2004

Pompons – Catherine Rivoire
© Fleurus Éditions, Paris, janvier 2008

Pâques – Muriel Damasio
© Fleurus Éditions, Paris, février 2004

Noël – Sylvie Hooghe
© Fleurus Éditions, Paris, novembre 2004

Direction éditoriale : Guillaume Pô
Édition : Mathilde Guillier
Direction artistique : Armelle Riva
Maquette : Les PAOistes
Fabrication : Thierry Dubus et Florence Bellot

Achevé d'imprimer en Espagne par Macrolibros
en janvier 2017

15-27, rue Moussorgski, 75018 Paris

Dépôt légal : octobre 2015
ISBN : 978-2-215-15605-5
Code MDS : 592125
3e édition. N° d'édition : J17065

Loi n° 49-956 du 16 juillet 1949 sur les publications destinées à la jeunesse.

365 CRÉATIONS

pour toute l'année

FLEURUS
www.fleuruseditions.com

Sommaire

Pâte à sel

Argile

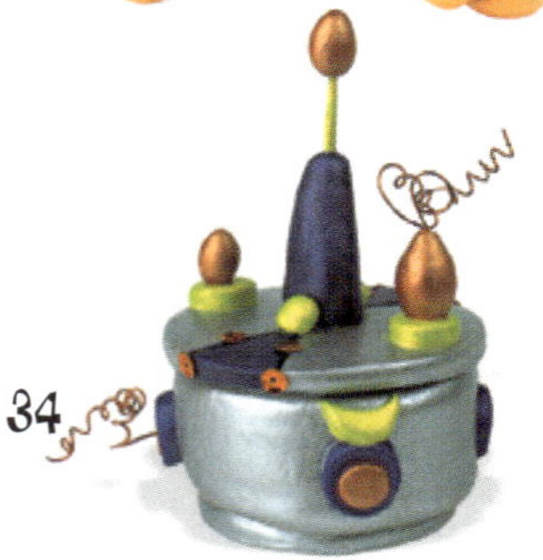

Flocons de maïs

Mousse

Papier

Papier crépon

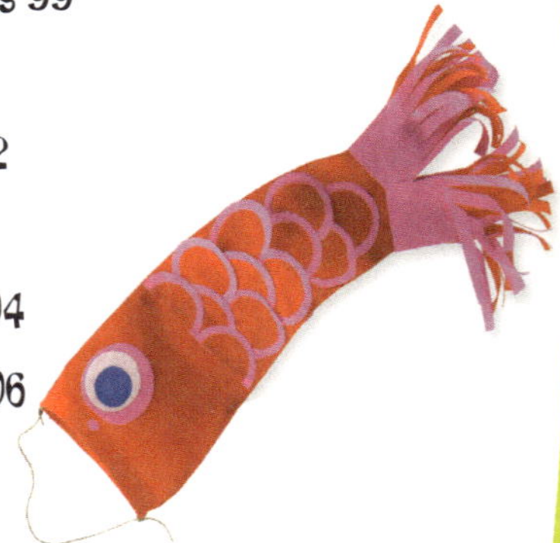

Papier mâché

Papier et carton

Bricolo-récup

Animaux rigolos

Mosaïques

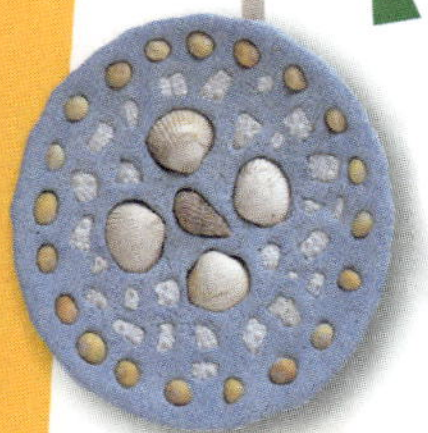

Pompons

Pâques

Noël

Pâte à sel

Les secrets de la pâte à sel

Recette

- 2 verres de farine
- 1 verre de sel fin
- un peu moins d'un verre d'eau

Mélange le sel et la farine. Ajoute l'eau petit à petit. Ensuite, pétris la pâte avec les mains. Elle doit être souple et lisse. Si la pâte colle, ajoute un peu de sel et de farine. Si elle s'émiette, rajoute quelques gouttes d'eau. Pour obtenir une pâte colorée, tu peux ajouter des colorants alimentaires, des épices en poudre ou du jus de légumes.

Comment modeler la pâte ?

Avec tes mains : modèle des boules, des boudins, pince la pâte ou aplatis-la.

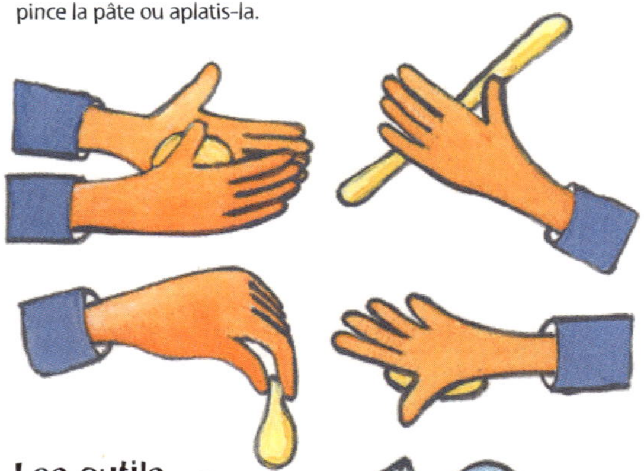

Les outils

rouleau à pâtisserie pour étaler la pâte

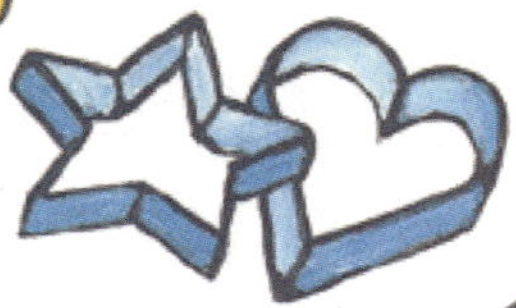

emporte-pièce pour découper des formes

paille pour faire des trous ou des empreintes

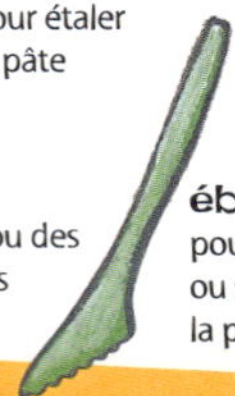

ébauchoir pour découper ou strier la pâte

presse-ail pour faire dès serpentins

Petits conseils

Avant de commencer, protège la table avec une toile cirée. Pour éviter que la pâte reste collée, farine la toile cirée, tes mains et le rouleau. Façonne ton modelage sur du papier d'aluminium.

Assemblage

Pour coller 2 formes, applique un peu d'eau avec un pinceau.

Cuisson

Demande à un adulte de glisser tes modelages dans le four. Par souci d'économie, il vaut mieux cuire plusieurs modèles en même temps.

Cuire les modèles pendant 30 minutes à 100° C (thermostat 2), puis à 120° C (thermostat 3) jusqu'à ce que le modelage soit bien dur (1 à 4 heures selon l'épaisseur).

Peinture

On peut peindre les modèles avec de la peinture à l'eau en pastille ou de la peinture acrylique. Pour les détails, utilise des feutres ou du correcteur blanc.

Chenilles rondelettes

Matériel ***• pâte à sel • fil de laiton de couleur • yeux mobiles • • ciseaux • colle universelle sans solvant • peinture • pinceaux •***

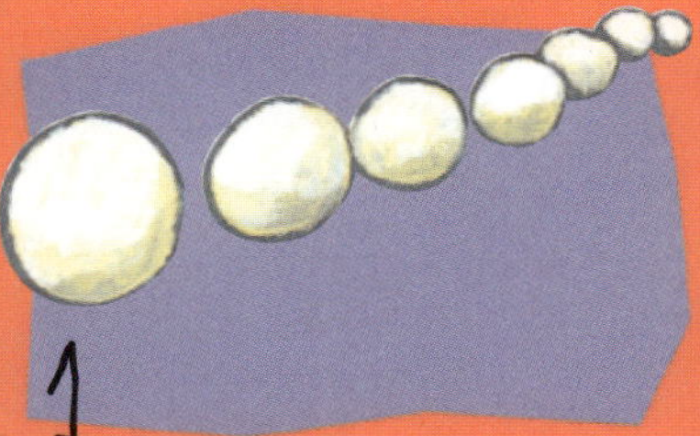

1

Modèle 7 boules : une grosse pour la tête, puis 6 autres de plus en plus petites. Assemble-les.

2

Découpe du fil de laiton pour les antennes et pour les pattes. Enroule les antennes et plie les pattes. Enfonce-les.

3

Après la cuisson, peins le corps de la chenille puis laisse-le sécher.

4

Peins la bouche avec un pinceau fin. Laisse bien sécher. Colle les yeux mobiles.

Pour faire des pieds en pâte à sel, comme ceux de la chenille multicolore, demande à un adulte de tordre des fils de fer. Plante-les dans la chenille puis ajoute les pieds avant la cuisson.

Drôles de têtes

Matériel *• pâte à sel • rouleau • ébauchoir ou emporte-pièce • • bâton de cannelle • paille • raphia • peinture • pinceau •*

1

Étale presque toute la pâte pour obtenir une plaque arrondie. Évide les yeux et la bouche.

2

Avec une paille, perce 20 trous en haut du masque. Colle des boudins autour de la bouche et des yeux, puis des ronds pour les joues. Marque des empreintes à la paille.

3

Pour le nez, humidifie la pâte et enfonce légèrement le bâton de cannelle.

4

Après la cuisson, peins le masque et laisse-le sécher.

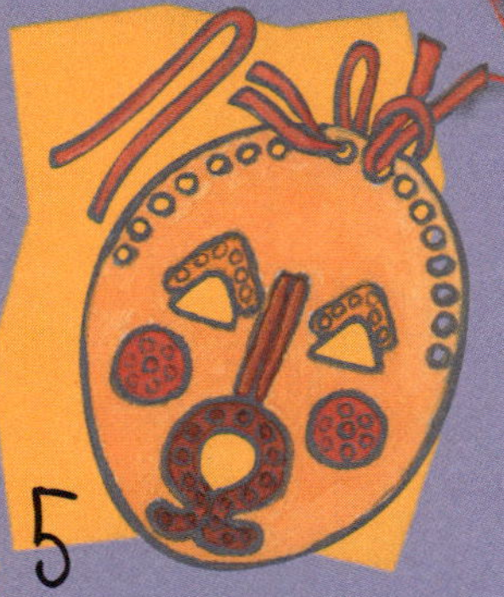

5

Coupe des morceaux de raphia de 20 cm. Passe chaque morceau plié en deux dans un trou, puis repasse ses extrémités dans la boucle.

Si tu n'as pas de cannelle, utilise un morceau de bois pour le nez.

Bougeoirs des champs

Matériel *• pâte à sel • bougie chauffe-plat • ébauchoir • peinture • • pinceaux : un fin et un moyen • feutre noir • correcteur blanc •*

1

Roule une boule grosse comme une balle de tennis, puis enfonce la bougie dedans.

2

Appuie de chaque côté de la boule pour donner sa forme à la poule.

3

Pour la crête et la queue, modèle des petits rectangles. Enfonce l'ébauchoir pour former les creux. Colle-les sur le corps. Ajoute un petit triangle pour le bec.

4

Fais cuire le modelage avec le moule métallique, mais sans la bougie.

5

Peins la poule en orange. Laisse sécher avant de peindre les motifs, le bec, la crête et la queue. Utilise un feutre noir et du correcteur pour les yeux.

Pour le lapin, enfonce des cure-dents dans les oreilles et la tête pour les fixer plus solidement.

Jeu de morpion

Matériel • *pâte à sel • carton ondulé • règle • crayon • ciseaux •*
• peinture • pinceau fin • feutrine autocollante ou ruban adhésif de couleur •

1

Trace un carré de 25 x 25 cm au dos du carton. Découpe-le. Colle des larges bandes de feutrine à cheval sur le bord, puis 4 bandes fines pour délimiter 9 cases.

3

Les papillons : Roule un fin boudin. Aplatis 2 petites boules et 2 boules un peu plus grosses. Pince-les et assemble-les au corps. Prépare 5 papillons.

2

Les fleurs : Aplatis légèrement des petites boules puis colle des mini-boudins autour. Prépare 5 fleurs.

4

Après la cuisson, peins les papillons et les fleurs, en faisant attention à ne pas mélanger les couleurs.

Fruits, légumes, petites têtes rigolotes... imagine tes propres pions et que le meilleur gagne !

Règle du jeu

Pour jouer, il faut être deux. Chaque joueur choisit ses pions. Les joueurs posent chacun leur tour un pion sur une des cases. Le but du jeu est d'aligner le plus rapidement possible 3 pions à la verticale, à l'horizontale ou en diagonale.

Aimants tout fous

Matériel *• pâte à sel • emporte-pièce • fil de laiton de couleur • crayon • • peinture • pinceau • feutre noir • correcteur blanc • • aimants • colle universelle sans solvant •*

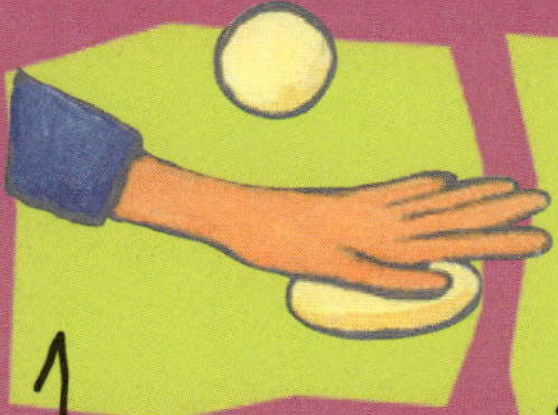

1

Forme une petite boule et aplatis-la. Tu peux aussi découper une forme à l'emporte-pièce dans une plaque.

2

Pour les ressorts, enroule des morceaux de fil de laiton autour d'un crayon. Tu peux aussi tordre le fil pour former des mains au bout.

3

Glisse les ressorts dans la pâte. Si tu le souhaites, ajoute un chapeau ou modèle des mains.

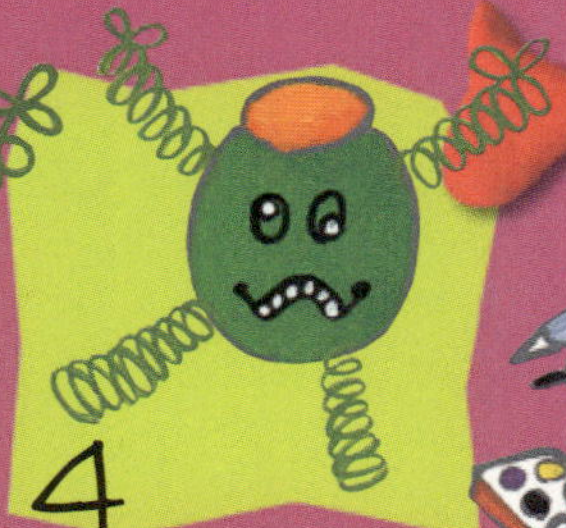

4

Après la cuisson, peins les modelages d'une couleur unie et laisse sécher. Dessine les yeux et la bouche au feutre. Ajoute des points de correcteur blanc.

5

Colle les aimants au dos.

Pour transformer ces drôles de personnages en badges, remplace l'aimant par une épingle de broche.

Poissons pas bêtes

Matériel *• pâte à sel • carton épais • carton ondulé de 2 bleus différents • • 5 pinces à linge en bois • colle sans solvant • rouleau • ébauchoir • ciseaux • • règle • crayon • pinceaux • peinture • feutre noir • correcteur blanc •*

1

Étale une plaque de pâte. Pose des pinces à linge et découpe la forme des poissons autour. Lisse les contours au doigt ou à l'ébauchoir.

2

Découpe un morceau de carton épais de 30 x 40 cm. Colle un morceau de carton ondulé bleu clair de même taille par-dessus.

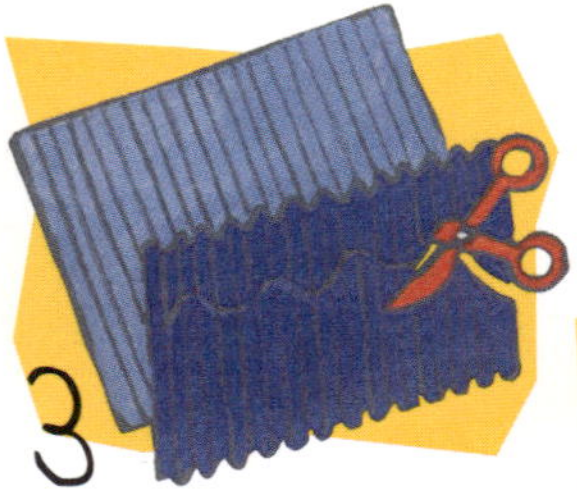

3

Dans du carton ondulé bleu foncé, découpe une bande de 25 x 40 cm avec des vagues. Colle-la.

4

Après la cuisson, peins les poissons. Laisse-les sécher. Ajoute les détails avec un pinceau fin, un feutre noir et du correcteur blanc.

5

Colle les poissons sur les pinces à linge. Colle l'ensemble sur le carton ondulé. Laisse sécher à plat.

Fais appel à un adulte qui t'aidera à couper le carton !

Feuilles de serviettes

Matériel *• pâte à sel • rouleau • feuilles d'arbres • ébauchoir • • tube en carton recouvert d'aluminium • peinture • pinceau •*

1

Étale la pâte pour obtenir une plaque épaisse. Pose une feuille dessus. Appuie pour marquer les nervures.

2

Découpe la pâte autour de la feuille. Retire la feuille.

3

Coupe la queue de la feuille et enfonce-la dans la pâte. Demande à un adulte de faire cuire ton modelage 45 minutes.

4

Aplatis un boudin et enroule-le autour du tube. Pose la feuille par-dessus. Refais cuire l'ensemble au moins 45 minutes.

5

Peins la feuille avec une couleur bien diluée pour faire ressortir les nervures.

Fabrique des porte-couteaux assortis avec des petites feuilles.

Graines de papillons

Matériel *• ingrédients et ustensiles pour faire la pâte • rouleau • ébauchoir • • safran (ou curry) • jus de betteraves sous vide (ou jus de cuisson) • • bâton de cannelle ou couteau • épices : anis, café, clous de girofle •*

Pâte jaune :

Mélange la farine et le sel. Dilue 1 g de safran ou une cuillère à café de curry avec l'eau avant de l'ajouter au reste.

1

Étale la pâte. Découpe les ailes du papillon. Lisse les contours au doigt ou à l'ébauchoir.

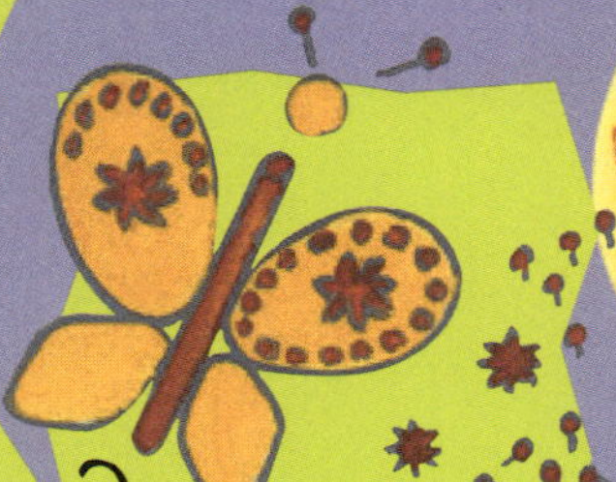

3

Décore les ailes en enfonçant des épices. Tu peux ajouter une petite boule pour la tête et deux antennes en clou de girofle.

Pâte rose :

Remplace le verre d'eau par un verre de jus de betteraves dilué à l'eau.

2

Pose les ailes tout contre le bâton de cannelle ou le couteau.

Au safran, au cacao ou au café… tes papillons embaumeront pendant la cuisson.

Crayons déguisés

Matériel • *pâte à sel • rouleau • ébauchoir • emporte-pièce • • crayons de couleur • cure-dents • peinture • pinceaux • yeux mobiles • aluminium • • colle universelle sans solvant •*

La plaque

1

Aplatis une boule de la taille d'une orange. Étale une autre plaque de pâte.

2

Découpe des formes avec les emporte-pièce. Pose-les sur la plaque ronde en superposant 2 mêmes formes aux endroits prévus pour les crayons.

3

Marque les trous avec un crayon. Glisse un peu d'aluminium froissé dedans.

Les crayons

1

Découpe une forme et pose le crayon dessus. Pose la même forme sur le crayon.

2

Enfonce 2 cure-dents. Modèle les mains en t'aidant d'un ébauchoir.

Finitions

Après la cuisson, peins l'ensemble avec des couleurs vives. Laisse sécher. Colle les yeux mobiles.

Si tu n'as pas d'emporte-pièce, découpe des formes avec un ébauchoir.

Escargot à trésors

Matériel ***• pâte à sel • ébauchoir • aluminium • rouleau • clous de girofle • • peinture • pinceaux • yeux mobiles • colle universelle sans solvant •***

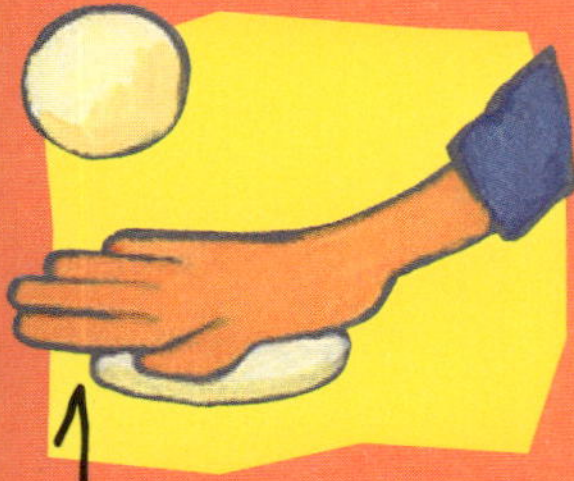

1

Aplatis une boule de la taille d'une balle de ping-pong.

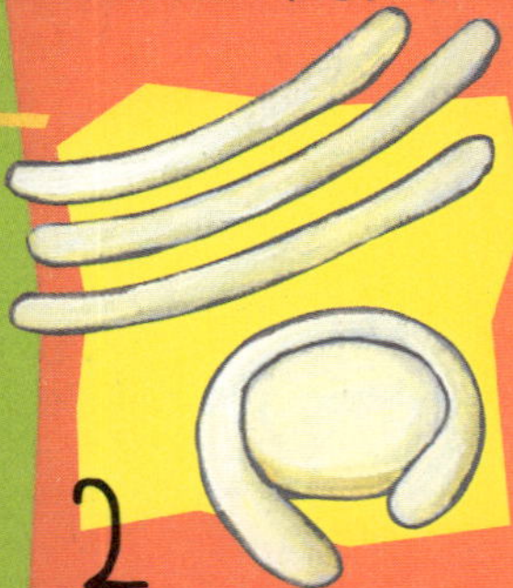

2

Modèle 3 boudins épais, assez longs pour faire le tour du disque. Assemble le premier. Superpose les autres. Strie le dernier.

3

Façonne un gros boudin pour la tête. Glisse une boule d'aluminium pour la soutenir. Plante 2 clous de girofle.

4

Pince un boudin plus court pour la queue et colle-le. Aplatis une autre boule pour faire le couvercle. Colle une boulette au centre.

5

Après la cuisson, peins la boîte d'une couleur, puis les détails. Laisse sécher, puis colle les yeux.

Avec quelques boudins en plus et sans couvercle, voilà la boîte transformée en pot à crayons !

Panneaux-prénoms

Matériel • *ingrédients et ustensiles pour faire la pâte* • *aluminium* •
• *colorants alimentaires en poudre* • *emporte-pièce* • *rouleau* •

Pâtes de couleur :

Pour chaque couleur, mélange un verre de farine, un demi-verre de sel, environ une cuillère à café de colorant et un peu moins d'un demi-verre d'eau.
En mélangeant les colorants, tu obtiendras de nouvelles couleurs.

2

Étale les pâtes de couleur. Découpe des formes avec des emporte-pièce ou un ébauchoir.

1

Avec de la pâte naturelle, modèle des boudins épais. Forme et colle les lettres au fur et à mesure, bien à plat sur de l'aluminium posé sur la tôle du four.

3

Colle une rangée de formes autour des lettres. Ajoute une deuxième rangée par-dessus en décalant les formes.

Glisse un joli ruban entre les lettres pour accrocher ton prénom.

Village aux clés

Matériel *• pâte à sel • rouleau • ébauchoir • aluminium • 3 crochets à visser •*
• peinture • pinceau : un fin et un moyen •

1
Étale la pâte. Découpe des carrés ou des rectangles, puis des triangles ou des trapèzes. Arrondis les angles.

2
Assemble les maisons sur une feuille d'aluminium posée sur la tôle du four.

3
Aplatis des boules et des petits boudins pour les fenêtres et les portes. Ajoute des boulettes pour les poignées.

4
Modèle un boudin assez long. Colle-le sous les maisons. Enfonce les crochets.

5
Après la cuisson, peins le porte-clés avec des couleurs vives. Laisse sécher. Utilise un pinceau fin pour les détails.

Demande à un adulte de planter 2 clous dans un mur pour pouvoir accrocher ton joli porte-clés.

Cadres animaux

Matériel *• pâte à sel • rouleau • ébauchoir • petit verre • cure-dents • peinture • • pinceaux • feutre noir • correcteur blanc •*

1

Étale la pâte. Découpe un carré de 7 x 7 cm environ. Découpe une fenêtre au centre avec un ébauchoir ou un petit verre.

2

Colle une boule ronde ou allongée pour la tête. Ajoute les oreilles et le museau.

3

Pour les cornes ou les antennes, pique des boulettes sur des cure-dents. Avec un adulte, fais les cuire 10 minutes.

4

Enfonce les cornes dans la tête. Fais cuire le cadre jusqu'à ce qu'il soit bien dur.

5

Peins le cadre comme tu veux. Utilise un feutre noir et du correcteur blanc pour les détails.

Scotche ta photo préférée au dos du cadre. Fixe une attache à tableau… Le tour est joué !

Décors de Noël

Matériel ***• pâte à sel • brochettes en bois • ébauchoir • un morceau de bristol • • aluminium • presse-ail • peinture • pinceau •***

Brochettes à bonbons

1 Assemble 2 boudins. Pour la tête, ajoute une boule puis une boulette. Marque la bouche avec un ébauchoir.

2 Utilise un presse-ail pour les cheveux. Enfonce une brochette dans le pantin avant de le faire cuire.

Marque-nom

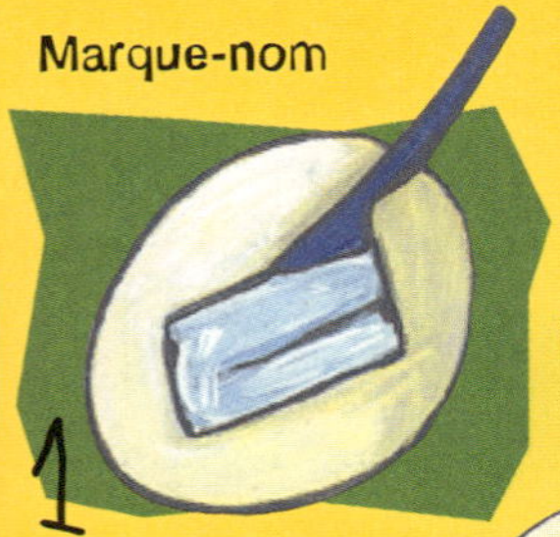

1 Enveloppe le bristol d'aluminium. Dans une plaque de pâte à sel, découpe un morceau de la même taille.

2 Plie le bristol comme un tréteau et pose la pâte dessus. Demande à un adulte de cuire l'ensemble 15 minutes.

3 Modèle le lutin. Pour le bonnet, découpe un triangle dans une plaque fine. Colle le lutin sur le support. Termine la cuisson.

Finitions

Peins les modèles à ta guise.

Pour éviter d'éparpiller les cheveux, « ramasse-les » sur le presse-ail avec un couteau mouillé.

Argile

Les secrets de l'argile

L'argile

Elle se présente en pains humides enveloppés dans du plastique. Le plus souvent, elle est marron-rouge (terracotta) ou blanche.

L'argile autodurcissante, utilisée dans ce livre, présente l'avantage d'être solide une fois sèche.

Pendant le modelage, l'argile doit rester souple et humide. Si elle se fendille, mouille-la avec une éponge. Mouille aussi tes doigts.

Comment modeler l'argile ?

Avec tes mains : modèle des boules, des boudins, aplatis et lisse l'argile.

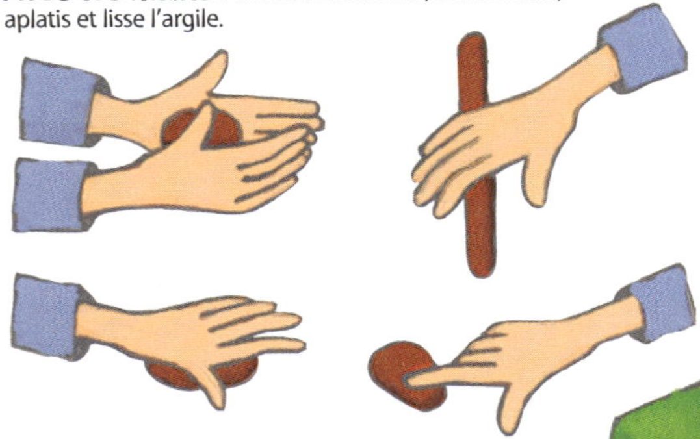

Avec quelques outils :

Étale l'argile avec un rouleau à pâtisserie.

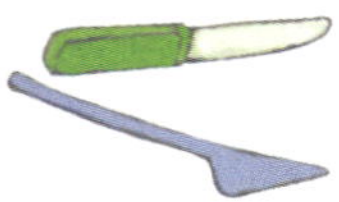

Découpe avec un couteau rond sans dents ou un ébauchoir.

Fais des ronds avec des bouchons de lessive, un verre, un bol...

Fais des empreintes avec un peigne, des bouchons, un cure-dent, un clou de girofle...

Petits conseils

Protège la table avec un plastique ou une toile cirée.

Modèle tes objets sur une planchette ou des couvercles en plastique de récupération. Tu pourras les déplacer sans les abîmer.

Pour conserver l'argile que tu n'as pas utilisée, emballe-la bien dans un sac en plastique.

Assemblage

Fabrique de la barbotine : dans un petit pot, mélange de l'argile et de l'eau.

Pour souder 2 formes : strie-les avec un ébauchoir. Applique de la barbotine. Assemble. Lisse la soudure avec l'ébauchoir, puis avec le doigt ou une éponge humide.

Séchage

L'argile sèche en 24 heures environ dans une pièce aérée. Plus l'objet est épais, plus l'eau s'évapore lentement.

Peinture

Utilise de la peinture à l'eau : gouache ou acrylique. Applique 2 couches pour obtenir une couleur unie. Pour les pois ou les yeux, utilise un Coton-Tige.

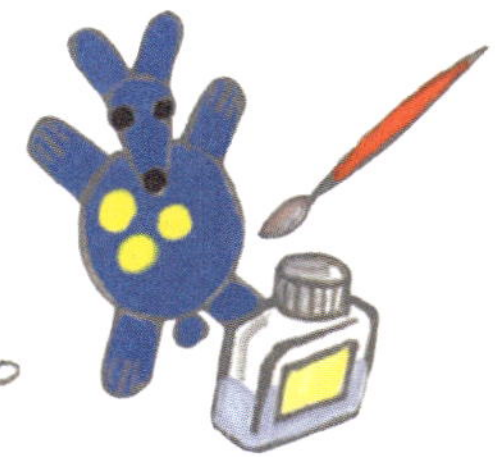

Vernis

Il protège la peinture et rend les objets brillants.

Crabes rigolos

Matériel *• argile blanche et rouge • barbotine • ébauchoir ou couteau rond • • peigne ou cure-dent • chenille • paille • peinture • pinceau • Coton-Tige • vernis •*

1

Modèle une boule aplatie. Grave une fente pour la bouche. Fais des empreintes si tu le souhaites.

2

Enfonce 2 petits morceaux de chenille au-dessus de la bouche. Pique 2 boulettes dessus. Fais une empreinte de paille sur chaque œil.

3

Pour les pinces, coupe et écarte le bout de 2 boules ovales aplaties. Soude-les. Pour les pattes, enfonce 6 morceaux de chenille recourbés.

4

Après le séchage, peins le crabe à ta guise. Fais les pois au Coton-Tige. Laisse sécher, puis vernis si tu veux.

La terre rouge imite bien la couleur des crabes : tu peux donc la laisser naturelle. Applique une couche de vernis, et le crabe aura l'air mouillé !

Colliers de fée

Matériel ***• argile blanche ou rouge • barbotine • ébauchoir ou couteau rond • • emporte-pièce • brochette en bois • clou de girofle • perles-tubes • peinture • pinceau • • vernis • fil câblé ou lacet •***

1

Modèle des boules : rondes, ovales ou légèrement aplaties. Pour les perles allongées, roule des petits boudins.

2

Étale une plaque d'argile. Découpe les pendentifs. Si tu le souhaites, soude-les à une perle.

3

Fais des empreintes d'ébauchoir, de brochette, de clou de girofle... Enfonce des perles-tubes.

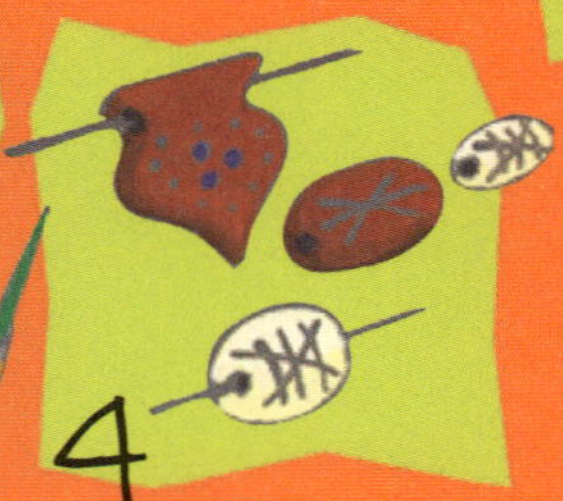

4

Perce les perles au milieu et les pendentifs en haut. Agrandis les trous en tournant. Laisse durcir.

5

Peins les perles. Nacre les couleurs avec du doré. Laisse sécher les perles en les surélevant. Vernis si tu le souhaites.

Il ne te reste plus qu'à enfiler les perles en créant une jolie composition !

En mélangeant de l'argile blanche et de l'argile rouge, tu obtiendras des perles marbrées !

Animabricoles

Matériel *• argile blanche ou rouge • barbotine • ébauchoir ou couteau rond • • verre large • perles • cure-dent •*

1

Pour le lapin, roule une grosse boule pour le ventre et écrase-la avec le verre. Modèle 2 boudins coupés en deux pour les pattes, puis la tête et les oreilles.

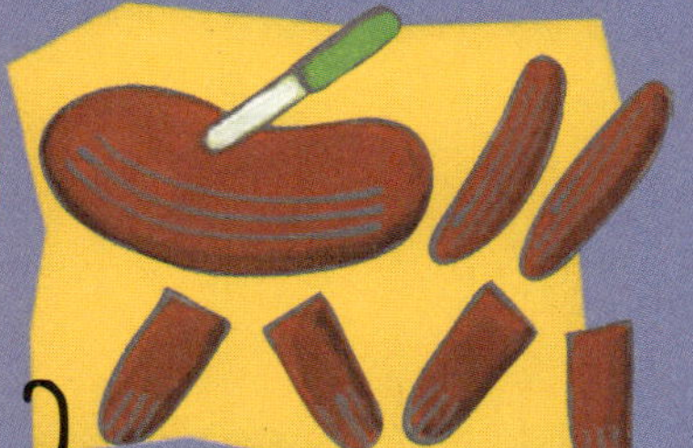

2

Fais des stries serrées pour imiter la fourrure sur les oreilles et le ventre puis des stries écartées pour les griffes.

3

Assemble le lapin avec de la barbotine. Lisse bien les joints à l'ébauchoir en évitant de déformer le corps.

4

Enfonce 2 perles pour les yeux. Grave les sourcils et la bouche. Colle des boules pour le museau et la queue.

Tortue, chat, chien… choisis ton animal préféré. Fais des empreintes amusantes et ajoute quelques touches de peinture si tu le souhaites.

Bon appétit !

Matériel *• argile rouge • barbotine • emporte-pièce • cure-dent • clous de girofle • • vrille de vigne ou de lierre • peinture • pinceau • vernis •*

1

Roule des boudins. Modèle des boules et des boulettes : rondes, aplaties ou allongées.

2

Superpose des boules pour les gâteaux. Intercale des plaques de crème. Découpe les tartes avec des emporte-pièce.

3

Colle des boules et enfonce la vrille pour le raisin. Pique les agrumes. Enfonce des clous de girofle pour les queues des fruits. Strie les pains.

4

Pour les pois, colle des boulettes dans un boudin fendu. Referme le boudin. Pince-le aux extrémités.

5

Laisse durcir complètement. Peins en commençant par les couleurs les plus claires. Laisse sécher. Pour jouer sans abîmer la peinture, vernis les modèles.

Si tu ne trouves pas de vrille de vigne, remplace-la par un morceau de fil de fer tordu.

Serpent messager

Matériel *• argile • barbotine • peinture • pinceau • paillettes • fil de fer souple • • 2 perles • couteau rond ou ébauchoir •*

1

Modèle un boudin long et assez épais. Enroule-le en relevant une des extrémités. Lisse bien.

2

Coupe une fente pour la bouche. Pour les yeux, colle 2 boules et enfonce des perles.

3

Pour la langue, vrille un fil de fer de 30 cm plié en deux. Enroule les extrémités en spirale. Enfonce la langue dans la bouche.

4

Sans attendre le séchage de l'argile, peins le serpent. Laisse la peinture sécher un quart d'heure.

5

Pour imiter les écailles, enfonce les paillettes dans le corps du serpent. Laisse ton serpent sécher et durcir complètement.

Si la couleur du serpent n'est pas assez unie, laisse sécher la première couche de peinture et passes-en une seconde.

Mignons porte-clés

Matériel • *argile* • *barbotine* • *ébauchoir ou couteau rond* • *peigne* • *haricots* • *crochet* • • *peinture* • *pinceau* • *attache à tableau autocollante* • *colle à bois* • *adhésif plastifié* •

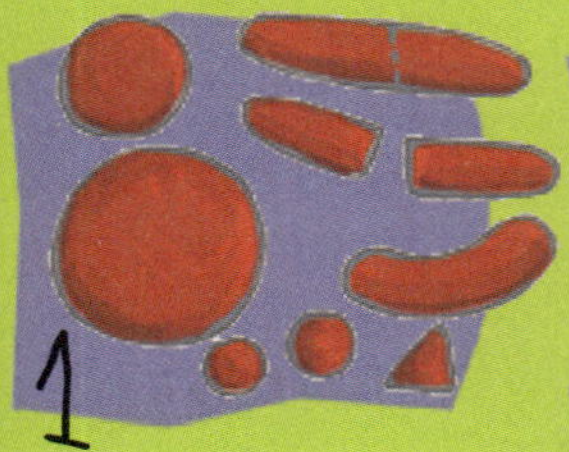

Modèle 2 boules pour la tête et le corps, 4 demi-boudins pour les pattes, un boudin aplati pour le collier, 2 oreilles rondes et un museau conique.

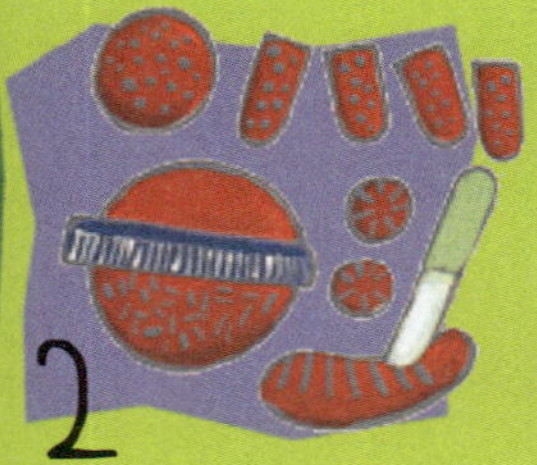

Fais des empreintes avec un peigne sur le corps, la tête et les pattes, puis avec un couteau sur les oreilles et le collier.

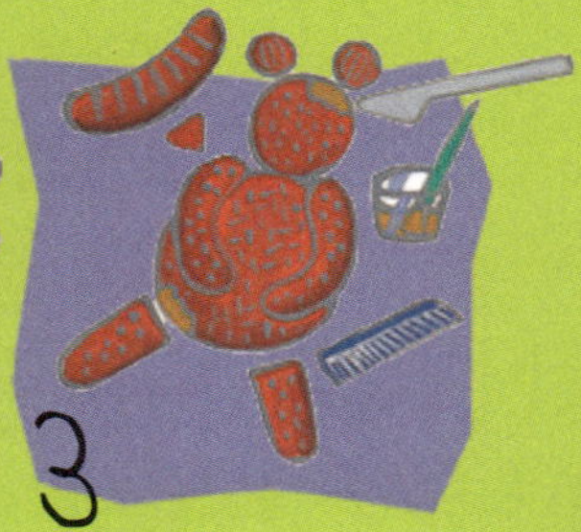

Assemble tous les éléments avec de la barbotine. Lisse bien et refais quelques empreintes sur les joints.

Colle les yeux et une petite plaque striée sur le ventre. Ajoute des haricots, puis enfonce le crochet.

Laisse durcir l'argile. Peins le blanc, puis le noir. Peins le dos lorsque le devant est sec.

Finitions

Demander à un adulte de fixer l'attache avec de la colle. Renforcer avec l'adhésif. Quand le sujet est accroché, planter un clou pour le soutenir à l'entrejambe.

Clés des champs, clés des bois... avec ces gentilles mascottes, les clés ne seront plus jamais perdues !

Joyeux Noël !

Matériel • *argile* • *barbotine* • *rouleau* • *ébauchoir ou couteau rond* • *papier blanc* • • *crayon* • *ciseaux* • *paille* • *bouchon* • *cure-dent* • *yeux mobiles* • *colle* • *peinture* • *pinceau* •

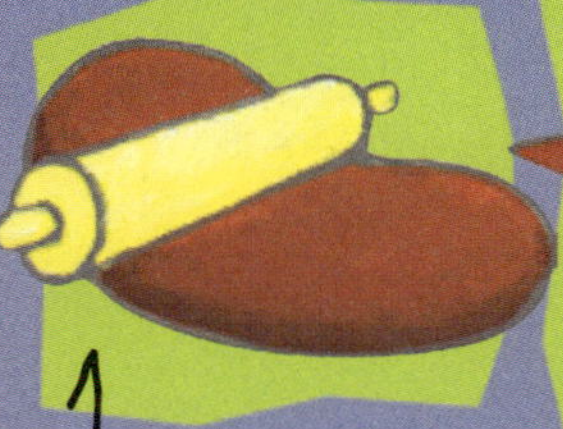

1

Étale une boule d'argile pour faire une plaque.

2

Prépare les patrons. Découpe-les. Pose-les sur la plaque et découpe autour. Lisse les contours.

3

Fais une empreinte de bouchon sur toutes les étoiles. Perce les décorations avec une paille.

4

Pour les nez, colle des boulettes avec de la barbotine. Grave les bouches avec un ébauchoir ou avec un ongle.

Les patrons se trouvent à la fin du livre page 236.

5

Laisse durcir les décorations, puis peins-les aux couleurs de Noël. Laisse sécher. Colle les yeux.

Suspends tes décorations avec des rubans ou du bolduc. Accroche aussi des perles (voir page 30).

Boîte martienne

Matériel *• argile • barbotine • verres et bouchons • ébauchoir ou couteau rond • • rouleau • fil de fer souple • peinture • pinceau • paillettes • colle •*

1

Dans une plaque d'argile, découpe, avec 2 verres, des ronds pour le fond et le couvercle. Strie le bord du fond et enduis-le de barbotine.

2

Roule un gros boudin et aplatis-le légèrement. Avec cette bande, entoure le fond de la boîte, en te faisant aider.

3

Recoupe les extrémités de la bande. Enduis-les de barbotine et soude-les. Lisse à l'éponge humide.

4

Soude bien le bas de la bande et le fond à l'intérieur de la boîte.

5

Décore la boîte. Pour le bouton, soude un cône et une boule étirée reliée par un cure-dent. Enfonce des morceaux de fil de fer.

Finitions

Après le durcissement de l'argile, peins la boîte à ta guise en commençant par la couleur du fond. Ajoute quelques paillettes.

Pour torsader les morceaux de fil de fer, enroule-les autour d'un crayon.

Poissons-cadres

Matériel *• argile blanche ou rouge • rouleau • barbotine • verres, bol, bouchons • • ébauchoir ou couteau rond • perles • peinture • pinceau • attache à tableau • colle à bois • • adhésif plastifié •*

Le patron du poisson-cœur se trouve à la fin du livre page 236. Décalque-le et découpe-le.

1

Étale une grande plaque d'argile. Pose le patron ou un bol retourné dessus et découpe autour.

2

Évide la fenêtre avec un verre. Avec d'autres verres, fais des empreintes pour délimiter la tête ou cerner la fenêtre.

3

Dans les chutes d'argile, découpe ou modèle les nageoires, la queue, les yeux, un nez... Assemble-les avec de la barbotine.

4

Ajoute quelques empreintes rigolotes, enfonce des perles pour les pupilles. Laisse l'argile durcir.

5

Peins d'abord le fond puis les décors. Laisse sécher.

Finitions

Demande à un adulte de coller l'attache en se reportant aux finitions de la page 34. Scotche une photo ou un dessin au dos du cadre.

Mélange des paillettes à la peinture pour la faire étinceler.

Dans les prés

Matériel *• argile blanche et rouge • barbotine • couteau rond ou ébauchoir • • rouleau • fourchette • paille • peinture • pinceau •*

Brebis et béliers

1

Pour le corps, roule une boule. Pique-la avec une fourchette. Pour la tête, roule une boule ovale, puis 2 plus petites un peu aplaties.

2

Assemble les éléments. Fais 2 empreintes pour les yeux. Pour les béliers, ajoute 2 boudins recourbés et fais des trous sur le haut de la tête.

3

Laisse durcir, puis peins les animaux. Pour les reconnaître, peins aux brebis des colliers en rouge ou en bleu et les cornes des béliers en jaune ou en orange.

La barrière

Coupe une bande en 4 morceaux. Assemble-les avec 2 bandes fines. Strie puis ajoute des petits ronds. Fais tenir la barrière debout en collant des boules marbrées au pied.

Tourne la page, pour savoir qui, des brebis ou des béliers, sont les plus gourmands !

Dans les prés

Matériel *• argile blanche • rouleau • emporte-pièce cœur • paille • peinture • pinceau •*

Jeu des gourmands

1

Découpe 12 cœurs dans une plaque d'argile. Roule 2 boules identiques. Forme des cubes avec tes pouces et tes index. Fais une empreinte ronde sur chaque face.

2

Laisse durcir l'argile. Peins les feuilles en vert, puis les points sur les dés avec du jaune, du vert, du bleu, du noir, de l'orange et du rouge.

Règle du jeu

De 2 à 4 gourmands !
Chaque joueur choisit un animal et, à tour de rôle, lance les 2 dés.

Si un dé est de même couleur que l'animal, le joueur prend une feuille.
Si les 2 dés sont de la bonne couleur, il mange 3 feuilles.

Si les 2 dés affichent le noir, le joueur rend toutes ses feuilles.
Si les 2 dés affichent le vert, les autres joueurs prennent une feuille.

La brebis ou le bélier qui a mangé le plus de feuilles de trèfles a gagné !

Délimite l'aire de jeu par des rectangles de papier, de mousse ou de fausse pelouse.

Pots monstrueux

Matériel *• argile • barbotine • rouleau • ébauchoir ou couteau rond • • bouchon de lessive • éponge • paille • peinture • pinceau • vernis • yeux mobiles •*

1

Étale une plaque d'argile. Découpe 2 ronds pour le fond du pot et la tête. Découpe aussi 2 oreilles rigolotes.

2

Découpe un rectangle assez long pour faire le tour du fond. Strie la base et les côtés du rectangle et le tour du fond.

3

Enduis les stries de barbotine. Assemble le rectangle sur le fond en formant un tube. Lisse les joints à l'ébauchoir, puis à l'éponge.

4

Termine la tête : grave ou fais des empreintes, soude un nez et les oreilles. Assemble la tête sur le pot.

5

Selon ta fantaisie, ajoute une queue, des pieds... Laisse le pot durcir complètement.

Finitions

Peins en terminant par les couleurs les plus claires. Laisse sécher. Vernis si tu le souhaites. Colle les yeux mobiles.

Pour éviter les chocs, colle des petits patins en feutre sous ton pot.

Drôles de clowns

Matériel *• argile blanche • barbotine • ébauchoir ou couteau rond • • brochettes et cure-dents en bois • raphia de couleur • pinceau • peinture •*

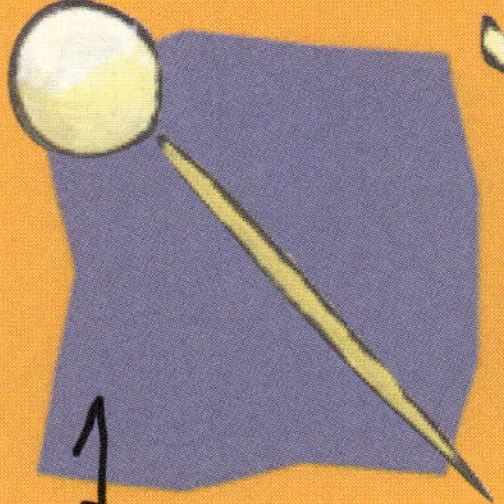

1

Modèle une boule grosse comme une balle de ping-pong pour la tête. Enfonce-la sur une brochette.

2

Modèle un nez, des yeux et un chapeau ou des cheveux. Assemble-les avec de la barbotine. Grave la bouche et les sourcils.

3

Façonne un gros boudin recoupé en bas ou des boules pour le corps, puis une perle pour le cou. Glisse-les sur la brochette.

4

Ajoute les décors : des boules piquées sur des cure-dents, des brins de raphia, des boutons d'argile… Laisse sécher.

5

Peins le clown selon ta fantaisie. Pour les détails, utilise un pinceau fin. Laisse bien sécher puis noue une écharpe en raphia.

Clown gai, clown triste, clown grincheux… quel caractère aura ton personnage ?

Joli miroir

Matériel *• argile blanche • miroir (9 x 13 cm) • torchon • rouleau • • couteau rond • barbotine • emporte-pièce étoile • billes chinoises • peinture • pinceau • • attache à tableau • colle à bois • adhésif plastifié •*

Le patron se trouve sur la feuille de patrons détachable. Décalque-le et découpe-le.

1

Sur le torchon, étale une grosse boule d'argile en une plaque épaisse. Pose le patron et découpe autour.

2

Pose le miroir sans appuyer. Enfonce une bille chinoise dans la pointe du milieu et 2 autres de chaque côté du miroir.

3

Modèle des boules. Découpe des demi-étoiles et des triangles. Laisse les motifs du bas de côté. Soude les autres à la barbotine.

4

Retire le miroir. Laisse sécher complètement.

5

Aidé d'un adulte, colle le miroir et les motifs du bas. Peins en commençant par le fond. Pour nacrer une couleur, mélange-la avec du doré.

Finitions

Coller l'attache en se reportant aux finitions de la page 34. Quand le miroir est accroché, planter 2 clous juste en-dessous pour le soutenir.

En séchant, la plaque se rétracte un peu. Évite donc de placer les billes chinoises trop près du miroir, autrement tu risques de ne plus pouvoir le coller.

Flocons de maïs

Les secrets pour tout réussir

Découpage

Un couteau en plastique est livré avec les flocons mais pour découper des petits éléments et faire des entailles précises, utilise des ciseaux à bout rond. Tu peux aussi utiliser des ciseaux crantés pour un effet décoratif.

Le couteau permet de trancher un flocon en rondelles, en longueur ou en largeur.

Assemblage

Mouille une éponge et essore-la bien. Attention, s'il y a trop d'eau, le flocon fondra.

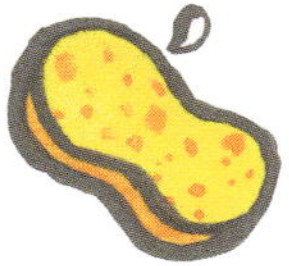

Frotte la partie à coller sur l'éponge humide puis assemble les flocons en pressant légèrement.

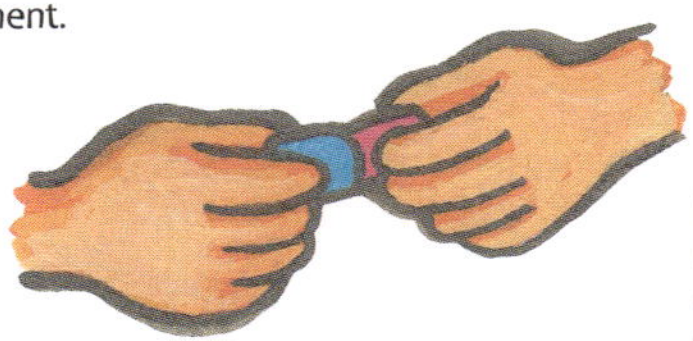

Graver un flocon

Pour graver une ligne dans un flocon, passe d'abord la lame du couteau en plastique sur l'éponge humide.

Trace un sillon dans le flocon.

Laisse un peu sécher le flocon avant de l'assembler à un autre pour éviter qu'il s'écrase.

Façonner un flocon

Pour aplatir un flocon, utilise la paume de ta main ou un rouleau à pâtisserie.

Pour faire un boudin, roule le flocon entre tes paumes ou avec le bout de tes doigts.

Modeler les détails

Pour former une boulette, déchire un petit morceau de flocon. Passe tes doigts sur l'éponge humide puis roule le morceau de flocon entre le pouce et l'index. Pour former une fine lanière, fais de même avec un morceau de flocon plus long.

Girafe et girafon

Matériel *• flocons de maïs • couteau en plastique • ciseaux • éponge • eau •*

1

Colle 2 flocons pour le corps, 3 pour le cou et 1 flocon façonné en pointe pour le museau.

2

Assemble 2 flocons pour chaque patte. Roule-les en boudins. Forme d'autres boudins plus petits pour les oreilles, la queue et les sabots.

3

Coupe le boudin des oreilles en deux et celui des sabots en quatre. Assemble tous les éléments.

4

Fabrique le bout de la queue comme un pissenlit (voir page 55). Façonne des cornes, 1 boudin étroit pour la bouche et 3 boulettes pour les yeux et le museau. Raccourcis les cornes au besoin.

5

Coupe des demi-flocons en longueur, aplatis-les et découpe dedans des taches et une crinière. Colle les derniers éléments.

En réduisant les proportions tu obtiendras un girafon.

Nounours

Matériel ***• flocons de maïs • couteau en plastique • ciseaux • cure-dent • ruban • éponge • eau •***

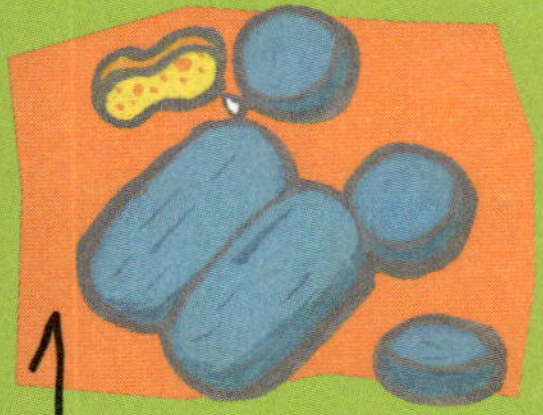

1

Assemble 2 flocons pour la tête. Découpe 1 flocon en 3 rondelles. Colle-en 2 à la place des oreilles et garde la troisième pour la queue.

2

Découpe 1 flocon en deux dans la longueur pour le museau et arrondis le bout. Aplatis des demi-flocons pour y découper la langue et la truffe.

3

Colle la langue, la truffe puis le museau sur la tête. Façonne des boulettes pour les yeux, assemble la tête sur 1 flocon.

4

Pour chaque patte, roule fermement l'extrémité d'un flocon et trace des griffes au couteau humide (voir page 44).

5

Assemble les éléments. Perce le nombril avec un cure-dent humide.

Tu peux nouer un ruban au cou de ton nounours pour en faire un joli cadeau.

Bonshommes de neige

Matériel ***• flocons de maïs • bâtonnets plats • fil de Nylon • couteau en plastique • • ciseaux • papier • cure-dents • éponge • eau •***

1

Assemble 3 flocons pour le corps. Façonne les bras comme ceux de l'ours (voir page 46). Colle-les.

2

Coupe 1 flocon en deux et façonne-le en pointe pour obtenir un nez-carotte. Façonne 2 boulettes et 1 boudin. Colle les éléments sur le flocon de la tête et assemble la tête au corps.

3

Pour le chapeau haut de forme, pince le milieu d'un flocon et appuie. Ou fabrique un bonnet comme le nez-carotte mais avec un flocon entier.

4

Entaille 1 flocon pour obtenir les poils du balai puis pince la base autour d'un cure-dent. Enfile des rondelles de papier sur des cure-dents pour les bâtons de ski.

5

Assemble les éléments. Plante le manche du balai ou les bâtons dans les bras du bonhomme. Noue un fil de Nylon au cou du bonhomme pour le suspendre.

Si tu ne suspends pas tes bonshommes de neige au sapin, tu peux les poser sur la table pour un joli décor de Noël.

Légumes du potager

Matériel *• flocons de maïs • couteau en plastique • ciseaux • ciseaux crantés • • éponge • eau •*

Piments

Assemble 2 flocons et façonne l'extrémité en pointe.
Ajoute 1 flocon comprimé pour la tige.

Haricots

Assemble 3 flocons, incurve-les et aplatis-les. Recoupe l'extrémité. Ajoute une tige (voir piment).

Carottes

Procède comme pour les piments avec 2 ou 3 flocons. Fabrique les feuilles comme celles du radis puis découpe les bords aux ciseaux crantés. Colle les feuilles aux carottes.

Radis

Assemble 2 flocons comme pour le piment. Pour les feuilles, assemble 2 flocons, coupe-les en deux et aplatis-les. Colle les feuilles au radis.

Poireaux

Assemble 2 flocons. Découpe 1 demi-flocon suivant le dessin et colle-le au bout du poireau. Fabrique des feuilles comme celles du radis mais avec 3 flocons.

Colle les légumes sur des aimants pour décorer le frigo.

Cactus

Matériel • *flocons de maïs • couteau en plastique • ciseaux • éponge • eau •*

1

Rainure les flocons avec un couteau humide (voir page 44).

2

Coupe des flocons en deux. Découpe-les en forme de couronne. Resserre la base pour obtenir des fleurs.

3

Assemble le cactus dans le pot en commençant par le fond. Ajoute du sable.

4

Tu peux découper des flocons aplatis pour obtenir une nouvelle variété de cactus.

Si tu veux qu'un oiseau se perche sur ton cactus, vas voir page 52.

Petits chiens

Matériel *• flocons de maïs • couteau en plastique • ciseaux • éponge • eau •*

1

Arrondis l'extrémité d'un flocon et coupe-le en deux pour la gueule. Découpe les autres éléments de la tête dans des flocons aplatis et assemble-les sur le flocon de tête.

2

Forme le corps avec 2 flocons et la queue avec 1 flocon roulé.

3

Découpe chaque patte dans des demi-flocons. Plie l'extrémité et découpe les griffes. Roulotte la patte.

4

Recoupe les pattes à la hauteur voulue et assemble le tout.

Tu peux créer des monstres en combinant plusieurs animaux expliqués dans ce chapitre !

Avions

Matériel • *flocons de maïs • couteau en plastique • ciseaux • éponge • eau •*

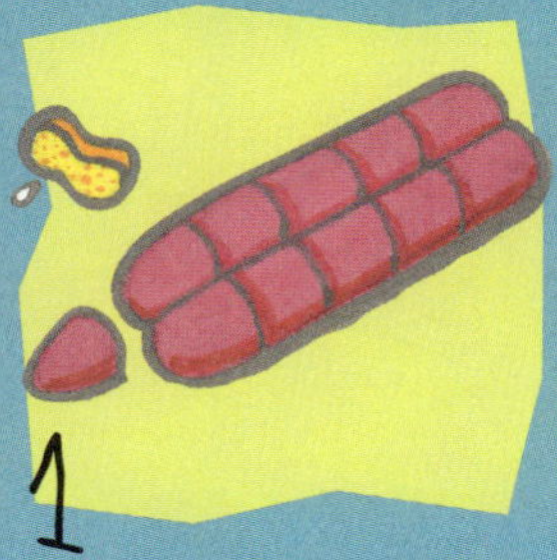

Colle 2 rangées de 5 flocons côte à côte. Ajoute au bout 1 flocon modelé en pointe.

Pour les ailes, colle 2 rangées de 7 flocons. Aplatis le tout et arrondis le bout aux ciseaux.

Aplatis 2 demi-flocons et découpe-les en forme d'hélice. Colle-les au bout de l'avion. Ajoute une boulette. Pour la queue, aplatis 3 flocons, découpe-les et colle-les.

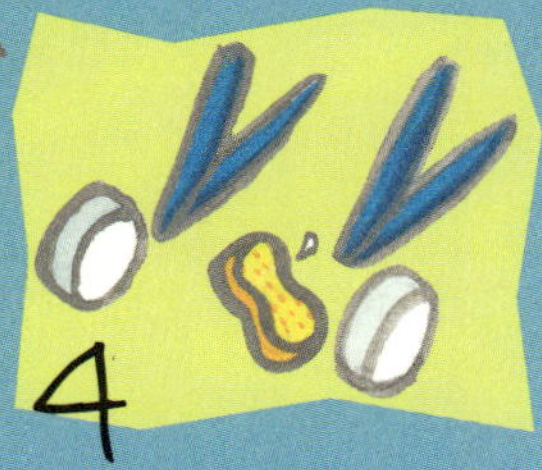

Forme 4 boudins et découpe 2 rondelles pour les roues.

Assemble tous les éléments. Ajoute un flocon pour la tête (voir bonshommes de neige page 47). Pour le casque d'aviateur, aplatis des flocons pour découper 1 rond et 2 languettes.

Glisse un fil de Nylon autour de la tête pour suspendre tes avions.

Mobile-volatile

Matériel *• flocons de maïs • couteau en plastique • ciseaux • éponge • fil de Nylon • • baguette de bois • aiguille à coudre • eau •*

1

Pour le bec, pince l'extrémité d'un flocon et coupe-le dans la longueur. Aplatis un flocon et découpe les yeux. Ajoute 2 boulettes et assemble le tout sur le flocon de tête.

2

Assemble 2 flocons pour le corps et la queue. Aplatis l'extrémité et fais 2 entailles aux ciseaux.

3

Aplatis 2 flocons pour les ailes et entaille-les aux ciseaux. Fais de même avec 2 demi-flocons d'une autre couleur. Superpose les ailes.

4

Assemble les oiseaux en variant les couleurs. Demande à un adulte de passer un fil de Nylon à travers chaque oiseau. Noue les fils sur une baguette de bois.

Attache deux baguettes en croix pour obtenir un large mobile.

Maisonnettes

Matériel *• flocons de maïs • couteau en plastique • ciseaux • éponge • • grosse boîte d'allumettes • papier rouge • règle • crayon • eau •*

1

Colle des flocons en les aplatissant sur les côtés de la boîte et sur une face du tiroir en décalant les « briques ». Découpe ce qui dépasse.

2

Trace puis découpe un carré de papier de 9 x 9 cm pour former le toit. Plie-le en deux.

3

Colle une pyramide de flocons compressés sur le dessus de la boîte. Colle le toit de papier par dessus.

4

Superpose des flocons rouges sur le toit en commençant par le bas. Découpe et colle des demi-flocons aplatis pour les portes et les fenêtres.

5

Colle un flocon pour la cheminée et des rondelles de flocon blanc aplaties pour la fumée.

Tu peux réaliser une maison ronde à partir du tube de carton d'un gros rouleau d'adhésif. Forme un cône de papier pour le toit.

Fleurs

Matériel *• flocons de maïs • papier • couteau en plastique • ciseaux • • ciseaux crantés • éponge • colle • eau •*

Tournesol

1

Forme un cœur en assemblant 7 flocons.

2

Aplatis puis découpe les pétales. Trace la nervure au couteau (voir page 44). Réalise les feuilles de la même façon en collant d'abord 2 flocons bout à bout.

3

Colle une série de flocons bout à bout et roule-les pour former la tige (voir page 44).

4

Colle la tige sous le cœur. Ajoute 2 rangées de pétales puis les feuilles.

Tourne vite la page pour fabriquer la marguerite.

Fleurs

Marguerite

1

Aplatis l'extrémité d'une série de flocons pour former les pétales. Colle-les autour d'un flocon en deux rangées superposées.

2

Pour former une feuille, aplatis un flocon et coupe l'extrémité en pointe. Fabrique une tige (voir page 54). Assemble les éléments.

Pissenlit

1

Pour le cœur, entaille 4 flocons au couteau (voir page 44). Assemble-les en resserrant leur base et colle le tout sur une rondelle de flocon vert.

2

Forme de grandes feuilles (voir tournesol page 54) et coupe les bords aux ciseaux crantés. Forme une tige, assemble la fleur et colle-la sur un socle de papier découpé.

Tu peux varier les cœurs pour inventer de nouvelles fleurs.

Marques-place

Matériel *• flocons de maïs • papier de couleur • couteau en plastique • • ciseaux crantés • règle • crayon • colle • eau •*

Abeille

1

Découpe des rondelles jaunes et marron. Aplatis 2 flocons blancs et découpe les ailes.

2

Assemble les rondelles en alternant les couleurs. Ajoute les ailes. Façonne 2 moitiés de flocons pour les antennes (voir page 44). Recoupe-les et colle-les.

Papillon

1

Roule un flocon en forme de corne pour le corps. Ajoute une rondelle pour la tête puis des antennes. Les ailes sont fabriquées comme des pétales (voir page 54).

Escargot

1

Colle 3 flocons bout à bout. Roule ce tube entre tes doigts en insistant sur l'extrémité. Enroule le tube sur lui-même. Réalise le corps comme celui du papillon mais avec 2 flocons.

2

Plie un rectangle de papier en deux. Découpe les bords aux ciseaux crantés. Inscris le nom d'un invité et colle l'animal au dessus.

Tu peux sur le même principe inventer des monstres.

Dragons

Matériel • ***flocons de maïs*** • ***couteau en plastique*** • ***cure-dent*** • ***ciseaux*** • ***éponge*** • ***eau*** •

1

Assemble 6 flocons en faisant légèrement onduler le corps. Aplatis d'autres flocons. Découpe des écailles dedans. Assemble les éléments.

2

Aplatis des flocons pour y découper des dents et une langue. Coupe un flocon en deux pour la gueule. Assemble le tout au corps.

3

Façonne des pattes et des ailes (voir chien page 50 et oiseau page 52). Découpe 2 grandes rondelles et 2 plus petites, assemble-les pour former les yeux. Ajoute une boulette.

4

Aplatis un flocon pour y découper des oreilles dentelées. Assemble tous les éléments. Trace des stries au couteau (voir page 44) et perce les narines avec un cure-dent humide.

Tu peux facilement créer un crocodile ou un serpent étonnant à partir du dragon.

Clowns

Matériel *• flocons de maïs • couteau en plastique • ciseaux • éponge • eau •*

1

Colle deux flocons bord à bord puis fixe-les sur un flocon d'une autre couleur pour former le corps.

2

Façonne les bras et les jambes comme les membres d'un ours (voir page 46). Pour les pieds, aplatis le bout de deux flocons. Réalise les mains comme des fleurs de cactus (voir page 49). Assemble le tout.

3

Sur la tête, fixe 2 boulettes, un boudin et une rondelle. Réalise un chapeau ou une perruque (voir chapeau et balai du bonhomme de neige page 47).

4

Assemble tous les éléments et fais varier les attitudes.

Tu peux transformer facilement un clown en monstre.

Mousse

Les secrets pour tout réussir

La mousse

Elle se présente en plaques
de différentes couleurs.
Il existe aussi des ronds
prédécoupés (facultatif).

Dessine des ronds avec un compas. Tu peux aussi te servir de couvercles, de bouchons ou de pièces de monnaie.
Découpe les petits ronds avec une perforatrice.

Pour dessiner sur la mousse, utilise un crayon à papier à mine grasse.

Comment reporter un patron ?

Tu trouveras les patrons à la fin du livre pages 237 à 240 et sur la feuille de patrons détachable.
Par transparence, reporte-les sur du papier-calque ou du papier blanc très fin.

Découpe le patron. Pose-le sur une plaque de mousse.
Pour qu'il ne bouge pas, fixe-le avec des petits morceaux de scotch. Dessine le contour du patron.
Retire le patron et découpe en suivant le trait de crayon.
Si tu te sens sûr(e) de toi, fixe le patron avec du scotch et découpe directement en suivant les contours.

Découpage

La mousse se découpe très facilement avec des ciseaux.
Tu peux aussi utiliser des ciseaux cranteurs ou des ciseaux fantaisie pour découper des formes amusantes.

Collage

Utilise de la colle en gel sans solvant.

Encoches et fentes

Encoches : Donne 2 coups de ciseaux parallèles.
Soulève la petite languette et découpe-la.

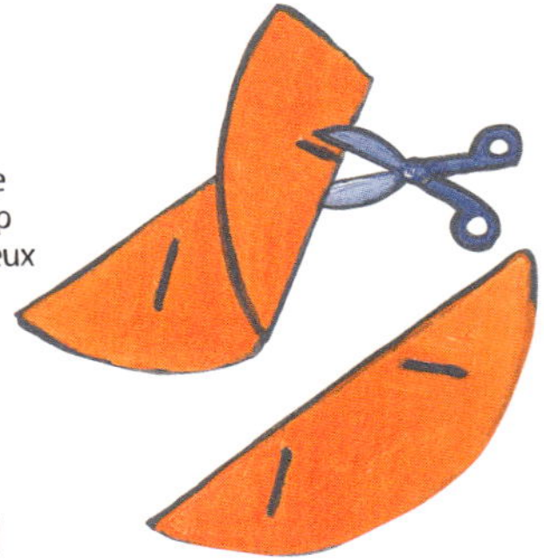

Fentes : Plie la mousse en deux et donne un coup de ciseaux. Déplie. Si tu veux agrandir la fente, passe les ciseaux dans le trou.

Autre matériel

Yeux mobiles, aimants, épingles de broche, barrettes, attaches de porte-clés, feutres, correcteur blanc, règle, agrafeuse, velcro : avec ces quelques accessoires, tu seras équipé(e) pour fabriquer plein d'objets rigolos en mousse !

Carnets à secrets

Matériel ***• mousse de différentes couleurs • carnet • crayon • ciseaux • • perforatrice • colle •***

1 Pose le carnet ouvert sur une plaque de mousse. Maintiens-le d'une main et trace le contour.

2 Découpe en suivant le tracé. Découpe 2 fines bandes dans une plaque d'une autre couleur.

3 Colle la couverture en mousse sur le carnet. Colle chaque bande sur la couverture du carnet, à l'intérieur.

4 Sur de la mousse de différentes couleurs, dessine des petits motifs : cœurs, étoiles, fleurs. . . Découpe-les. Découpe les petits ronds avec une perforatrice.

5 Colle les motifs sur le carnet.

N'oublie pas de nouer les lacets de ton carnet, et tes secrets seront bien gardés !

Animaux aimantés

Matériel • *mousse de différentes couleurs* • *crayon* • *ciseaux* • *colle* • • *perforatrice* • *feutre noir* • *aimants* •

1

Reporte le patron sur la mousse. Ajoute la forme des oreilles de l'animal que tu as choisi. Découpe les contours.

2

Dans de la mousse de couleur différente, découpe le bout des pattes, le ventre, les moustaches...

3

Avec une perforatrice, découpe les petits ronds des yeux et du museau. Colle tous les éléments sur l'animal. Laisse sécher.

4

Colle un aimant au dos de l'animal.

Le patron des animaux se trouve à la fin du livre page 238.

5

Dessine les pupilles et le nombril avec un feutre noir.

Pour faire des badges, remplace l'aimant par une épingle de broche.

Cartes estivales

Matériel *• mousse de différentes couleurs • papier blanc • crayon •*
• règle • ciseaux • colle •

1

Trace un rectangle de 10 x 15 cm
sur une plaque de mousse. Découpe-le.

2

Dessine des poissons, des algues, un bateau
ou les motifs de ton choix sur de la mousse de
différentes couleurs.

3

Découpe tous les motifs et colle-les
sur le fond.

4

Découpe un rectangle de papier blanc
de 9 x 14 cm. Colle-le au dos de la carte
pour écrire ton message.

Pour gagner du temps, reporte sur la mousse les contours d'une carte postale que tu as reçue.

Jeu monstrueux

Matériel *• mousse de différentes couleurs • ronds de mousse prédécoupés • • crayon • ciseaux • perforatrice • colle • correcteur blanc • billes •*

1

Reporte les patrons du corps et des pieds des monstres sur la mousse. Amuse-toi à modifier la forme des cornes, des oreilles ou des mains. Tu peux aussi ajouter une crête.

2

Découpe les formes. Découpe des encoches sur le bas du corps et sur les pieds.

3

Colle des ronds prédécoupés pour les yeux et le nez. Ajoute des petits ronds découpés pour les pupilles.

4

Pour les dents, colle des triangles ou des carrés au bord de la bouche. Termine le décor. Pour les tout petits ronds, utilise une perforatrice. Laisse bien sécher.

Les patrons se trouvent à la fin du livre page 237.

5

Fais un point de correcteur blanc sur chaque pupille. Assemble les pieds sur le corps par les encoches.

Si tu n'as pas de ronds prédécoupés, utilise un bouchon ou un capuchon de stylo pour en dessiner.

Règle du jeu

Sur le sol, les monstres dessinent un parcours à suivre : passer sous un premier monstre, contourner les jambes du suivant... On peut ajouter des ronds en mousse pour faire d'autres obstacles. À tour de rôle, chaque joueur fait avancer sa bille en essayant de terminer le parcours en premier.

Œufs au chaud

Matériel • *mousse de différentes couleurs* • *crayon* • *ciseaux* • • *agrafeuse* • *correcteur blanc* • *colle* •

1

Choisis un modèle et reporte les patrons sur de la mousse. Marque l'emplacement des fentes.

2

Découpe les différentes parties, puis les fentes.

3

Colle la crête. Découpe et colle les yeux, le bec... Pour découper les petits ronds plus facilement, utilise une perforatrice.

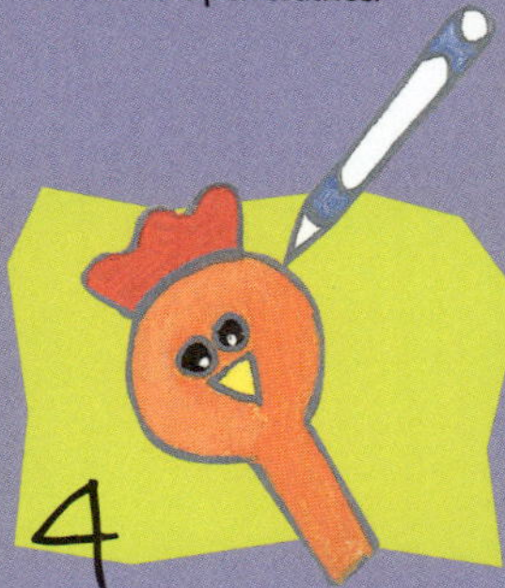

4

Laisse bien sécher les collages. Dessine le blanc des yeux avec du correcteur.

Les patrons se trouvent à la fin du livre pages 238 et 240.

5

Forme un cône avec le corps, glisse la tête par le haut et maintiens le tout par quelques agrafes. Passe les ailes ou les bras dans les fentes.

Pour plus de facilité, plie la mousse en deux à l'endroit où tu veux découper une fente.

Mousseville

Matériel *• plaques de mousse bleues et vertes de 20 x 30 cm • • chutes de mousse de différentes couleurs • règle • crayon • ciseaux • colle • • perforatrice • stylo blanc • cure-dents •*

Les patrons des voitures se trouvent à la fin du livre page 239.

Le circuit

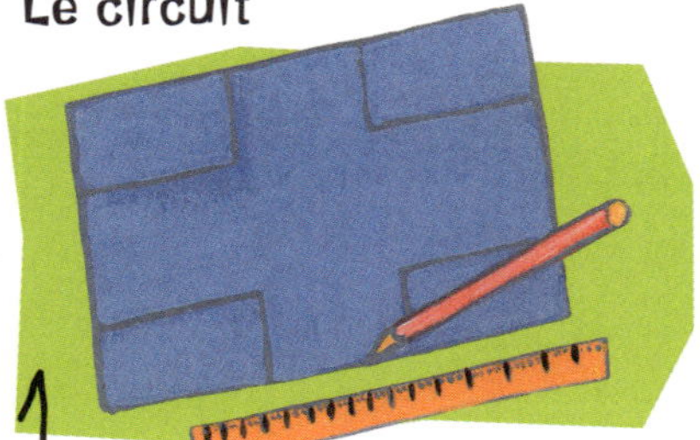

1

Pour les routes, trace des rectangles de 10 x 5 cm dans les coins des plaques bleues. Prépare autant de routes que tu le souhaites.

2

Découpe les routes. Colle chaque route sur une plaque de mousse verte.

3

Dessine des petites fleurs. Découpe-les et colle-les. Ajoute des cœurs découpés à la perforatrice.

4

À l'aide d'une règle, trace les pointillés avec un stylo blanc bien au milieu des routes.

Mousseville

Les voitures

1

Reporte les patrons des voitures et des roues sur de la mousse de différentes couleurs. Découpe-les.

2

Pour chaque voiture, découpe 4 vitres et 4 petits ronds pour les enjoliveurs. Colle les vitres sur les deux faces des voitures.

3

Perce 2 trous à la perforatrice en bas de chaque voiture.

4

À l'aide d'un cure-dent, troue le centre des roues et des enjoliveurs. Casse des petits morceaux de cure-dent (de 2 cm environ) pour faire les essieux.

5

Encolle un essieu d'un côté, enfonce une roue et un enjoliveur. Passe l'essieu dans le trou de la voiture, puis colle la deuxième roue et l'enjoliveur.

Pour épater tes copains et tes copines, fabrique un circuit géant. Tu peux même recouvrir des boîtes en carton avec de la mousse pour faire des maisons.

Drôles de bobines

Matériel *• mousse de différentes couleurs • compas • crayon • ciseaux • feutres • • perforatrice • colle • yeux mobiles • barrette, épingle de broche ou porte-clés •*

1

Pour les têtes, trace des cercles de 3 cm de diamètre avec un compas. Pour le garçon, dessine un corps en dessous. Découpe les éléments.

2

Colle un croissant pour les cheveux. Pour faire une mèche, colle des petits triangles. Pour faire des coiffures rigolotes, colle des couettes ou des tresses derrière la tête.

3

Colle un petit rond découpé à la perforatrice pour le nez, puis les yeux mobiles. Laisse sécher. Dessine les joues, la bouche et les cils.

4

En reportant les contours du corps, découpe des vêtements pour le garçon. Colle-les.

5

Pour faire une fille, découpe une robe. Colle la tête dessus, puis des bras et des jambes derrière. Décore avec des petits ronds.

Finitions

Colle tes personnages sur une barrette ou une épingle de broche. Pour fixer le porte-clés, perce un trou avec une aiguille à canevas et demande à un adulte de t'aider.

Pour découper des coiffures amusantes, utilise des ciseaux fantaisie.

Pantin malin

Matériel ***• mousse de différentes couleurs • compas • crayon • ciseaux • ciseaux fantaisie • • feutres • colle • aiguille à canevas • laine ou fil de coton • 6 grosses perles •***

1

Pour le corps, dessine des ronds de différents diamètres :
1 rond bleu foncé de 12 cm,
2 ronds jaunes de 8 cm,
2 ronds bleu clair de 4 cm.

Pour la tête, trace un rond rose et un rond jaune de 5 cm de diamètre. Dessine 2 tresses au-dessus du rond jaune.

2

Découpe les ronds. Pour les tresses, utilise des ciseaux fantaisie. Perce un trou au milieu de chaque rond et 2 trous sur le rond rose.

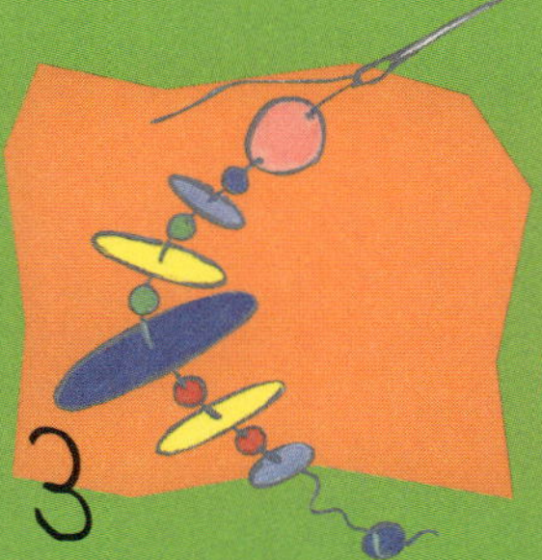

3

Enfile l'aiguille sur un grand morceau de laine. Attache la première perle au bout. Enfile en alternant les ronds et les perles, puis le visage.

4

Colle la tête sur le rond avec les tresses. Ajoute les détails du visage. Dessine la bouche et les cils.

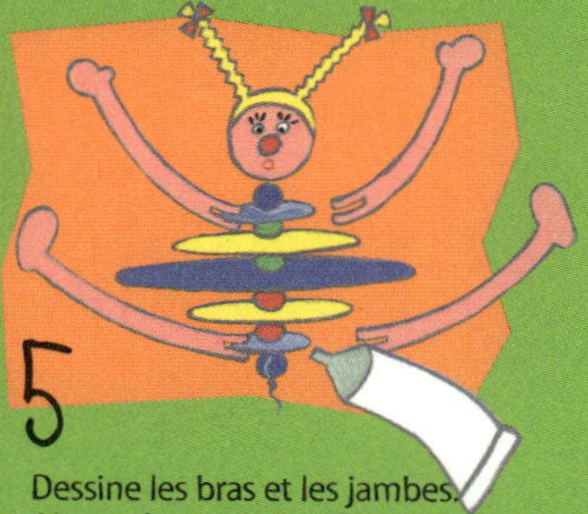

5

Dessine les bras et les jambes. Ajoute des encoches. Découpe et colle les bras et les jambes sur les ronds bleu clair.

Fais une boucle au bout du brin de laine pour pouvoir accrocher le pantin.

Boîtes à surprises

Matériel *• mousse de différentes couleurs • crayon • règle • • colle • feutre noir • perforatrice •*

1

Dans la mousse, découpe 5 carrés de 7 cm de côté et 8 « fils » de 25 cm. Fais un nœud à l'extrémité de chaque fil.

2

Fais des trous tout autour d'un des carrés. Sur les autres carrés, fais des trous sur 3 côtés seulement. Place les trous comme sur le dessin.

3

Assemble les côtés au fond. Termine par un nœud. Ensuite, couds les côtés deux par deux pour former la boîte.

4

Découpe un triangle avec une languette pour le corps de la souris. Découpe et colle la tête, les oreilles, les pieds, les mains et le museau. Dessine les yeux et la bouche.

5

Découpe un carré de 7,5 cm de côté. Fais une petite fente au milieu. Glisse la souris dans la fente.

Avec ces jolies boîtes, la petite souris saura maintenant où déposer sa surprise !

Jolie poupée !

Matériel • *mousse de différentes couleurs* • *ronds de mousse prédécoupés (facultatif)* • • *crayon* • *ciseaux* • *ciseaux cranteurs* • *colle* • *correcteur blanc* • *feutre* • *agrafeuse* •

1

Reporte les patrons des différents éléments de la poupée sur la mousse. Découpe-les. N'oublie pas les chaussures, les moufles, et la frange.

2

Colle la frange sur la tête. Pour les tresses, colle, derrière la tête, des bandes découpées avec des ciseaux cranteurs. Découpe et colle des petits nœuds.

3

Découpe le nez, les yeux, les joues et la bouche. Colle-les. Dessine les cils et le blanc des yeux.

4

Colle les moufles sur les mains et les chaussures sur les pieds. Découpe 2 fentes sur la robe en les plaçant comme sur le patron, puis colle 3 boutons.

Les patrons se trouvent à la fin du livre pages 239-240.

5

Colle la tête et les jambes au dos de la robe. Laisse sécher. Glisse les bras dans les fentes. Forme un cône avec la robe et agrafe-le.

Transforme ta poupée en carillon : ne colle pas la languette de la tête sur toute sa longueur et attache un grelot au bout.

Calendrier perpétuel

Matériel ***• plaques de mousse de différentes couleurs • crayon • • règle • ciseaux • colle • velcro • perforatrice • feutre noir •***

Étiquettes

- 7 rectangles de 4 x 9 cm pour les jours
- 12 rectangles de 3 x 4 cm pour la date
- 12 rectangles de 4 x 9 cm pour les mois
- 4 rectangles de 12 x 10 cm pour les saisons
- une forme biscornue par année

1

En suivant la liste, trace sur la mousse toutes les étiquettes, puis, découpe-les. Conserve la même couleur pour les étiquettes qui indiqueront la même information.

2

Colle un morceau de velcro (côté dents) au dos de chaque étiquette. Sur une plaque de 20 x 30 cm, dispose puis colle 6 morceaux de velcro (côté boucles).

3

Décore les étiquettes des saisons en t'inspirant de la photo. Utilise une perforatrice pour les flocons de neige.

4

Écris ou demande à un adulte d'écrire sur les bonnes étiquettes les jours de la semaine, les mois, l'année et les chiffres de 0 à 9 en prévoyant un 1 et un 2 supplémentaires.

En t'inspirant du calendrier, imagine un panneau d'information. Grâce aux étiquettes, tes parents sauront si tu dors, si tu joues…

Porte-monnaie colorés

Matériel • *mousse de différentes couleurs* • *crayon* • *ciseaux* • • *règle* • *agrafeuse* • *velcro* • *colle* • *perforatrice* •

1

Reporte le patron du porte-monnaie sur de la mousse. Découpe-le. Découpe les fentes.

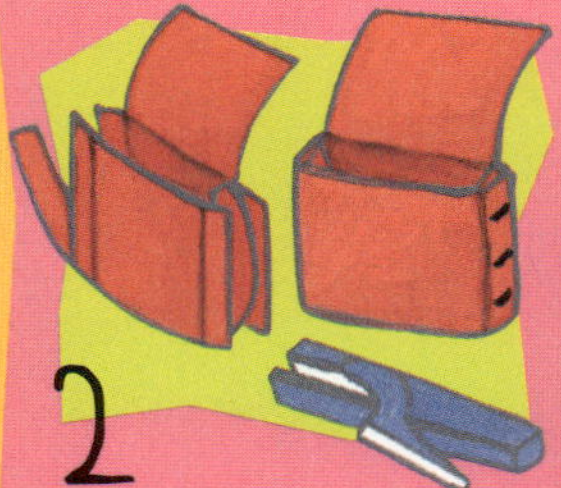

2

Plie les deux faces l'une sur l'autre. De chaque côté, replie la languette vers l'intérieur et agrafe les côtés l'un sur l'autre.

3

Coupe une bande fine de velcro. Colle la première partie sur le rabat. Colle la deuxième partie au bon endroit sur le devant du porte-monnaie.

4

Décore ton porte-monnaie en collant des petits éléments en mousse. Tu peux aussi faire une jolie découpe sur le bord du rabat.

Le patron se trouve sur la feuille de patrons détachable.

5

Pour imiter la poignée d'un cartable, découpe 2 fentes sur le haut du rabat et glisses-y une petite bande terminée par des languettes en forme de triangle.

Regarde la photo pour bien placer les côtés à agrafer l'un sur l'autre.

Imagina-cadres

Matériel • *mousse de différentes couleurs • règle • crayon •*
• colle • attache à tableau autocollante • scotch •

1

Trace 2 rectangles de 16 x 20 cm sur de la mousse. Trace une fenêtre de 10 x 14 cm au centre d'un des rectangles.

2

Dessine des éléments pour décorer le cadre. Choisis le thème selon ton imagination ou pense au dessin que tu souhaites encadrer.

3

Découpe le cadre et le fond. Découpe soigneusement tous les décors.

4

Encolle le cadre sur 3 côtés et pose-le sur le fond. Colle les décors. Laisse sécher le cadre bien à plat.

5

Colle l'attache au dos du cadre. Si elle se décolle, fixe-la plus solidement avec du scotch.

Pour découper facilement la fenêtre du cadre, fais d'abord un trou au centre.

Papier

Les secrets pour tout réussir

Les papiers

Choisis plutôt du papier un peu épais
avec des belles couleurs.
On peut y associer du papier
métallisé, du papier vitrail
ou du papier crépon pour
des bricolages encore plus beaux !

Certaines réalisations sont
faites avec du carton ondulé.
À grosses ou à petites
cannelures, il se découpe
avec des ciseaux. Dessine
ou reporte les patrons
sur le côté lisse (le dos).

Comment reporter un patron ?

Tu trouveras les patrons à la fin du livre pages 241 à 246.
Par transparence, reporte-les sur du papier-calque ou du papier
blanc très fin.

Découpe le patron. Pose-le sur le papier et maintiens-le
d'une main. Suis le contour du patron avec un crayon à papier.
Sur du papier noir, dessine avec un crayon de couleur blanc.

Pour plier

Pose ta règle et maintiens-la
à l'endroit où tu veux plier.
Rabats le papier et appuie
le long du pli.

Pour découper

Utilise des ciseaux normaux
ou des ciseaux fantaisie.

Pour dessiner des beaux ronds

Trace le contour d'une assiette,
d'un bol, d'un verre,
d'une pièce . . . tu obtiens
des ronds de toutes les tailles.
Fais les mini-ronds avec
une perforatrice.

Pour coller

La colle en bâton est idéale
pour presque tous les collages.
Pour les grandes surfaces et
le carton ondulé, utilise de la
colle blanche (vinylique).

Autre matériel

Attaches parisiennes, attaches à tableaux autocollantes, plumes,
fils à scoubidous, yeux mobiles. . . Avec quelques accessoires
supplémentaires, tu vas faire des merveilles!

Joli bouquet

Matériel • *papier de différentes couleurs • papier blanc • crayon • ciseaux • scotch • verres et pièces de monnaie • pailles • perforatrice • pot en verre • colle • légumes secs •*

Les fleurs

1

Découpe des ronds de toutes les tailles. Découpe des pétales différents sans aller jusqu'au centre.

2

Colle les ronds en les superposant. Ajoute des pois découpés à la perforatrice ou une spirale. Scotche les fleurs sur les pailles.

Le vase

1

Sur un papier blanc plié en deux, dessine un demi-vase plus haut que le pot. Découpe. Déplie. Reporte ce patron sur du papier de couleur.

2

Découpe le vase. Colle des ronds dessus.

3

Remplis le pot de légumes secs. Fixe le vase dessus avec petit morceau de scotch roulé. Il ne te reste plus qu'à planter les fleurs !

Pour découper les pétales, dessine le cœur de la fleur. Ensuite, gomme le trait ou retourne la fleur !

Pince-mots

Matériel *• carton ondulé et papier de différentes couleurs • règle • crayon • ciseaux • • pinces à linge en bois • peinture • pinceau • colle • attaches à tableaux autocollantes •*

1

Trace puis découpe un rectangle de carton ondulé de 15 x 12 cm et un autre de 12 x 10 cm. Découpe les angles.

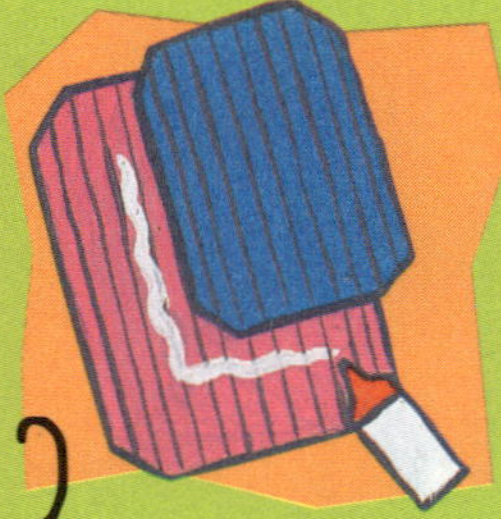

2

Colle les rectangles l'un sur l'autre.

3

Pose une pince sur du papier et dessine un motif autour. Pour les motifs symétriques, plie le papier en deux.

4

Découpe le motif. Ajoute des détails en papier découpé ou au feutre.

5

Peins la pince. Laisse-la sécher. Colle le motif, puis la pince sur le mémo. Colle une attache à tableau au dos.

Grâce à ces drôles de mémos, la liste des courses et les tickets de piscine ne seront plus jamais égarés !

Mini-carnets

Matériel *• papier de différentes couleurs • crayon • ciseaux • aiguille à canevas • • attaches parisiennes • colle • yeux mobiles • perforatrice fantaisie (facultatif) •*

Les patrons se trouvent à la fin du livre pages 241, 243 et 244.

Prépare le patron de l'animal de ton choix. Perce le trou avec l'aiguille à canevas.

Reporte le patron autant de fois que le nombre de pages souhaité. Découpe les pages. Fais un point à la place du trou.

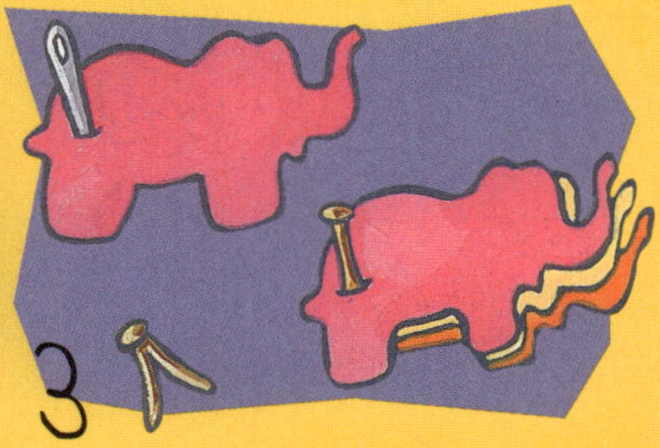

Perce chaque page. Assemble-les avec une attache parisienne. Écarte les tiges de l'attache au dos du carnet.

Sur la couverture, colle un œil mobile, une oreille, des formes découpées aux ciseaux ou avec une perforatrice fantaisie…

Pour reporter plus facilement le contour du patron, découpe-le dans de la cartonnette.

Cartes en fête

Matériel *• papier de différentes couleurs • ciseaux • crayon • règle • colle en bâton •*

1

Pour la carte, découpe un rectangle de 11 x 16 cm.

2

Reporte le patron d'un des motifs ou dessine celui de ton choix. Découpe-le. Colle-le sur la carte. Ajoute les autres éléments du décor.

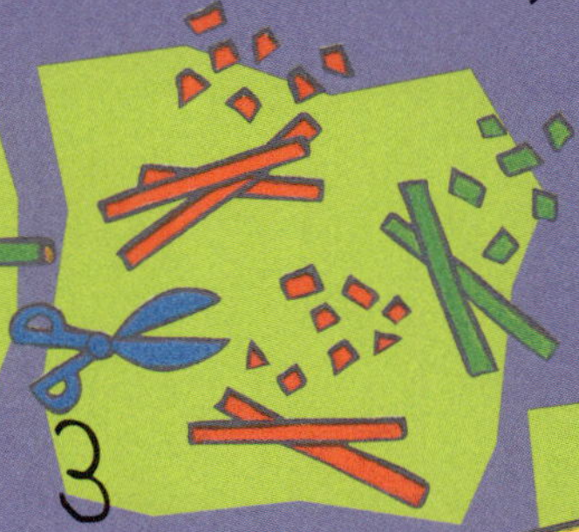

3

Découpe des bandes de papier d'environ 0,5 cm de large. Puis recoupe-les en petits morceaux.

4

Encolle une partie du motif. N'hésite pas à mettre de la colle, elle deviendra bien transparente en séchant.

Les patrons des motifs se trouvent à la fin du livre pages 243 et 245.

5

Pose les petits bouts de papier sur la colle. Pousse-les avec la pointe des ciseaux pour les placer correctement.

Si tu as peur que la colle sèche trop vite, encolle le motif au fur et à mesure.

Ronde des Sioux

Matériel *• carton ondulé de différentes couleurs • carton • rouleaux en carton • • ciseaux • règle • crayon • perforatrice • colle • plumes • yeux mobiles •*

1
Avec l'aide d'un adulte, recoupe les rouleaux à des hauteurs différentes en pensant à ce que tu y rangeras.

2
En veillant au sens des cannelures, découpe des rectangles de carton ondulé de la hauteur des rouleaux et assez longs pour en faire le tour.

3
Colle les rectangles. Ajoute les bandeaux. Décore avec des petites formes ou des ronds découpés à la perforatrice.

4
Découpe les bouches. Colle-les ainsi que les yeux mobiles. Glisse des plumes dans les cannelures du carton.

5
Découpe un cercle en carton de la taille d'une assiette, puis un autre en carton ondulé. Colle-les l'un sur l'autre. Colle les Sioux.

Pour une finition parfaite, colle aussi du carton ondulé à l'intérieur des rouleaux.

Folles marionnettes

Matériel *• papier de différentes couleurs • papier crépon • verre large • colle • ciseaux • • crayon • perforatrice • boules de cotillon de couleur •*

1

Reporte le patron du corps, des mains et des chaussures. Trace un rond pour la tête. Découpe.

2

Pour les garçons, découpe des cheveux ébouriffés. Pour les filles, dessine une courbe en suivant la tête. Ajoute la frange, les couettes...

3

Sur les habits, colle des pois découpés à la perforatrice ou des fines bandes de papier que tu recoupes ensuite de chaque côté.

4

Découpe les yeux et la bouche. Colle tous les éléments sans oublier la boule de cotillon pour le nez. Laisse sécher.

Les patrons se trouvent à la fin du livre page 242.

5

Découpe un rectangle de 5 x 8 cm. Encolle un des petits côtés et forme un rouleau assez large pour glisser un doigt. Colle-le au dos de ta marionnette.

Colle aussi des bandes de papier crépon pour les cheveux.

Dino-parc

Matériel *• carton ondulé à fines cannelures de différentes couleurs • • papier vitrail ou papier de couleur • crayon • ciseaux • colle • yeux mobiles •*

Le décor

La mare : Découpe une forme bleue. Découpe des herbes. Replie-les en bas pour pouvoir les coller.

L'arbre : En t'aidant du patron, découpe les 2 parties, puis les fentes. Décore chaque partie, puis emboîte-les.

Les dinosaures

Les patrons se trouvent à la fin du livre pages 244, 245 et 246.

1

Au dos du carton, reporte 2 fois chaque patron en l'inversant. Pour le dinosaure aquatique, ne sépare pas les 2 parties. Découpe.

2

Dessine les crêtes sur du papier ou des taches sur du carton ondulé. Découpe-les.

3

Colle les 2 parties du corps en glissant la crête entre les deux. Colle les taches et les yeux. Écarte les pattes : le dinosaure tient debout.

Iguanodon, triceratops, tyrannosaure… Amuse-toi à créer d'autres dinosaures en modifiant la forme des patrons.

Cadres pas bêtes

Matériel *• papier de différentes couleurs • crayon • ramequin • règle • ciseaux • colle • • attaches à tableaux autocollantes • scotch • photos ou dessins •*

1

Utilise un ramequin pour dessiner le contour de la tête. Découpe-la.

2

Sur du papier de la même couleur, trace une bande de 7 cm de large et, selon le nombre de photos, de 11 cm ou 18 cm ou 23 cm de haut.

3

Avec l'aide d'un adulte, découpe des fenêtres de 4 x 4 cm pour les photos. Colle la tête.

4

Découpe les différentes parties de ton animal : yeux, antennes, bouche, crête . . .

5

Colle les décors. Fixe des photos ou des dessins au dos avec du scotch. Colle une attache à tableau derrière la tête.

Découpe la « coiffure » de la coccinelle, comme les cheveux des marionnettes-filles de la page 82.

Poule pondeuse

Matériel *• carton ondulé de différentes couleurs • boîte de crèmes de gruyère • crayon • • règle • ciseaux • colle • attache à tableau • agrafeuse • perforatrice • fil à scoubidou •*

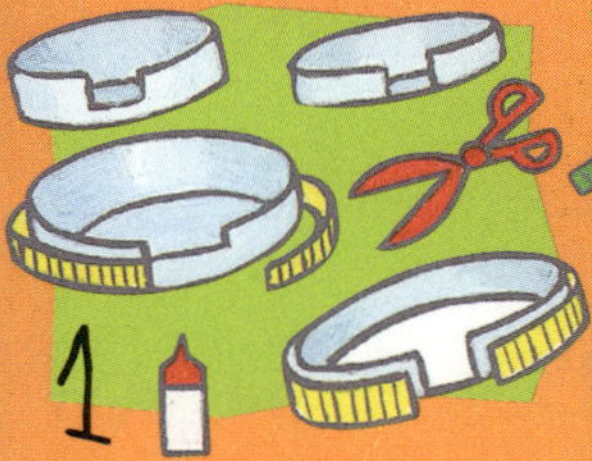

1

Découpe une encoche de 2 cm sur chaque partie de la boîte. Colle une bande de carton autour du fond, puis une autre sur le couvercle sans recouvrir l'encoche.

2

Reporte le contour du couvercle sur l'envers du carton. Découpe et colle le rond sur la boîte.

3

Découpe des bandes de longueurs variables. Agrafe la première sur le couvercle en créant une languette d'arrêt. Colle les autres.

4

Colle une bande enroulée pour l'œil, puis le bec. Décore avec des pois découpés à la perforatrice.

5

Demande à un adulte de percer la boîte. Découpe 2 pattes. Attache-les avec du fil à scoubidou.

Finitions

Fixe une attache au dos. Remplis la boîte de bonbons. Emboîte les 2 parties en décalant les encoches. Accroche la boîte.

Tourne le dessus de la poule pour faire tomber des bonbons au creux de ta main !

Monstro-fête !

Matériel • *papier de différentes couleurs • crayon • règle • ciseaux • colle • scotch • • agrafeuse • perforatrice • pailles • élastique à chapeau •*

Les cartes d'invitation

1 Découpe un rectangle noir de 24 x 16 cm. Plie-le en deux puis ouvre-le à nouveau.

2 Sur du papier de couleur, dessine un triangle de 13 cm à la base et 16 cm de haut. Découpe-le et colle-le au milieu de la carte.

3 Découpe des oreilles de monstres, le nez, les yeux, les cheveux, la bouche, puis colle-les. Laisse sécher.

4 Replie la carte. Découpe un rectangle de 12 x 8 cm de la couleur du monstre. Colle-le. Écris ton message.

Les étiquettes

Si tu veux offrir une petite surprise à tes invités, tu peux préparer des étiquettes assorties aux cartes. Tourne la page...

Pour que les cartes se ferment bien, découpe les monstres dans du papier fin.

Monstro-fête !

Les chapeaux

Dessine la forme du chapeau sur une feuille de format A4 (21 x 29,7 cm).
Découpe-la. Découpe et colle les éléments du visage.
Laisse sécher.

Ferme le chapeau avec du scotch, de la colle ou des agrafes. Fixe à l'intérieur un morceau d'élastique.

Dessine des oreilles en ajoutant une languette. Découpe-les et colle-les sur le chapeau.

Petites têtes

Découpe des triangles de 6 cm à la base et 8 cm de haut. Décore-les. Découpe des oreilles avec une languette. Colle-les au dos.

Découpe des carrés noirs de 8 cm de côté.
Étiquettes : colle une tête sur un carré et perfore un coin.
Marque-place : plie un carré, colle une tête et une bande pour le nom.
Scotche d'autres têtes sur des pailles.

Une couleur par invité et chacun retrouvera son verre, son chapeau ou sa place, même si la fête est un peu mouvementée !

Gentille chenille

Matériel *• papier de différentes couleurs, dont 2 grandes feuilles de 50 x 65 cm • • crayon • règle • ciseaux • bol • colle •*

1 Découpe dans chaque grande feuille une longue bande de 6 cm de large. Colle les deux bandes en angle.

2 Replie les bandes l'une après l'autre plusieurs fois pour former une guirlande. Arrête-la par un point de colle. Fais 2 autres guirlandes.

3 Réalise une guirlande avec 2 longs triangles de 20 cm de haut et 6 cm à la base. Colle toutes les guirlandes bout à bout.

4 Dessine et découpe la tête. Colle les yeux, la bouche, les antennes.

5 Colle la tête au corps. Dessine et découpe une patte. Utilise-la comme patron pour en découper 7 autres. Découpe 8 pieds. Colle-les sur les pattes, puis les pattes au corps.

En t'inspirant de la chenille, es-tu prêt(e) à réaliser un mille-pattes ?

Pantin d'Avent

Matériel • *papier : rouge, blanc, crème et noir • verre et bol • crayon • ciseaux •*
• aiguilles à canevas • attaches parisiennes • colle • perforatrice • bloc de notes adhésives •

1

À l'aide d'un verre large et d'un bol, trace un rond pour la tête et un autre pour le corps. Découpe-les.

2

Pose la tête sur du papier blanc et dessine la barbe autour. Découpe-la. Découpe la forme du visage.

3

Reporte 2 fois les patrons des bras, des jambes, des bottes et des mains. Découpe-les. Colle les bottes et les mains.

4

Découpe un chapeau. Colle la barbe sur la tête puis le chapeau. Colle la tête sur le corps.

5

Colle les détails. Perce un trou sur chaque membre et 4 trous sur le corps. Assemble avec des attaches parisiennes.

Finitions

Colle une attache à tableau. Sur le bloc, écris les chiffres de 1 à 24. Colle-le. Effeuille-le à partir du 1er décembre !

Pour coller les rayures sur le vêtement, colle des fines bandes en les laissant dépasser, puis recoupe-les.

Les patrons se trouvent à la fin du livre page 246.

Jolies cocottes

Matériel *• papier de différentes couleurs • papier crépon • crayon • ciseaux • règle •*
• colle • perforatrice •

1

Sur du papier de couleur, reporte les patrons du devant, du dos et du fond de la boîte. Découpe-les.

2

À l'aide du patron, découpe 2 fois la crête et le bec, puis les yeux à la perforatrice. Colle-les sur les 2 faces de la tête.

3

Dans une bande de 1 cm de large, découpe des triangles. Colle-les sur le devant et le dos. Ajoute des petits ronds et l'éclat des yeux.

4

En t'aidant des patrons, plie selon les pointillés. Colle les languettes du dos sur le devant.

Les patrons se trouvent à la fin du livre pages 241-242.

5

Colle le fond de la boîte. Découpe des bandes fines de papier crépon pour tapisser le fond de la boîte.

Pour protéger les œufs, tu peux remplacer les franges de crépon par de la paille de papier que l'on trouve dans les colis.

Papier crépon

Les secrets du papier crépon

Le papier crépon

Il se présente en rouleaux de différentes couleurs. C'est un papier à la fois souple et solide que tu peux tordre, plier ou rouler.

Pour découper

Le papier crépon se découpe facilement avec des ciseaux. Tu peux aussi utiliser des ciseaux cranteurs pour réaliser des découpes fantaisie.

Comment reporter un patron ?

Tu trouveras les patrons à la fin du livre pages 247 et 248.
À l'aide de papier-calque, reporte ton patron sur une feuille de papier épais. Découpe le patron.

Pose-le sur le papier crépon et découpe directement en suivant les contours.

Pour franger

Avec des ciseaux, découpe des entailles très fines dans une bande de papier.
Ne découpe pas jusqu'au bout, mais arrête-toi à 1 cm du bord.

Pour coller

Le papier crépon est très absorbant. Pour ne pas le tacher, utilise de la colle en bâton.
Dans certains cas, tu pourras utiliser de la colle universelle.

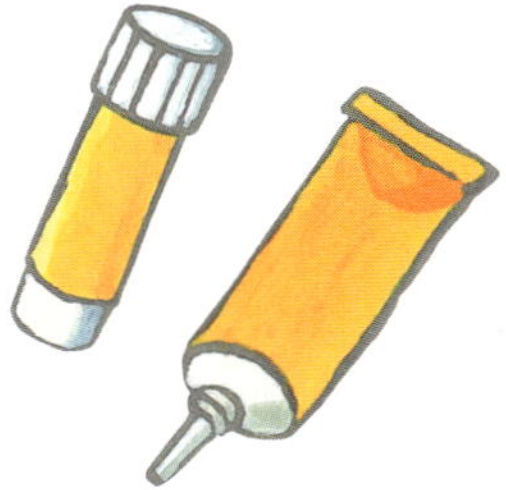

Petits conseils

Fais bien attention au sens des fibres pour le pliage.

Dessiner des beaux ronds

Trace le contour d'une assiette, d'un bol, d'un verre ou d'une soucoupe et tu obtiens des ronds de toutes les tailles que tu peux ensuite découper.

Ribambelle

Plie plusieurs fois une bande de papier crépon de la largeur du patron.
Découpe toutes les épaisseurs ensemble sans découper les parties en pointillés. Déplie la bande.

Autre matériel

Chenille, yeux mobiles, perles, bâtonnets, carton ondulé, boîtes à fromage, bouchons en liège, attaches parisiennes, pots de yaourt, ficelle. . . : avec ces quelques accessoires, fabrique plein d'objets rigolos en papier crépon.

Colliers colorés

Matériel *• papier crépon de couleur • ciseaux • colle en bâton • fil de couleur •*
• aiguille à canevas (ou grosse aiguille) •

1

Forme des boulettes de papier crépon d'environ 2 cm de grosseur.

2

Découpe des bandes de 2 x 20 cm. Enroule-les autour des boulettes et colle-les.

3

Pour la fleur, découpe une ribambelle de pétales en reportant le patron sur une bande de papier crépon pliée en huit (voir page 92).

4

Colle les pétales à la base d'une boulette.

Le patron des pétales de la fleur se trouve à la fin du livre page 247.

5

À l'aide du fil et de l'aiguille, perce et enfile les boulettes pour former le collier en plaçant la fleur au milieu. Calcule la bonne longueur de fil et ferme le collier avec un nœud.

Tu peux aussi réaliser un bracelet avec des boulettes plus petites.

Drôle de chenille

Matériel ***• papier crépon de couleur • 2 bâtonnets plats • carton ondulé de couleur • • 2 yeux mobiles • 1 chenille • 2 grosses perles en bois • ciseaux • colle universelle • crayon • • fil élastique • aiguille •***

1

Trace et découpe des ronds dans plusieurs épaisseurs de papier crépon. Tu peux découper 10 ronds à la fois. Réalise ainsi 100 ronds de différentes couleurs.

2

Découpe 4 ronds de carton ondulé de la même taille.

3

Colle les ronds de carton dos à dos sur un bâtonnet plat. Ajoute 2 morceaux de chenille pour la tête.

4

Colle une bouche en carton et des yeux mobiles sur la tête. Enfile les perles aux extrémités des chenilles.

5

À l'aide de l'aiguille et du fil élastique, enfile chaque rond par son milieu. Finis par un nœud à chaque extrémité.

Amuse-toi à donner toutes sortes de formes à ta chenille en écartant les bâtonnets.

Boîtes-fleurs

Matériel *• papier crépon de couleur • boîte à fromage • peinture (gouache) • pinceau •*
• ciseaux • colle en bâton •

1

Découpe des ribambelles de pétales en t'aidant d'un des patrons (voir page 92).

2

Reporte le contour du couvercle sur du papier crépon. Découpe et colle ce rond sur le couvercle. Colle les pétales sur le bord du couvercle en faisant plusieurs tours.

3

Fabrique des petits rouleaux en enroulant des bandes de papier crépon sur elles-mêmes. Serre bien et colle l'extrémité. Découpe des petits tubes de 1 cm.

4

Colle ces petits tubes sur le cœur de la fleur. Peins le fond de la boîte et laisse sécher avant de poser le couvercle.

Les patrons des pétales se trouvent à la fin du livre page 247.

Sers-toi de ces boîtes pour offrir des petits cadeaux à ta famille ou à tes amis.

Guirlandes en fête

Matériel *• papier crépon de couleur • ciseaux • colle en bâton •*

1

En t'aidant d'une soucoupe à café, découpe environ 15 ronds d'une couleur et 15 ronds d'une autre couleur.

2

Colle 2 ronds de couleurs différentes sur les côtés. Assemble ainsi tous les ronds.

3

Colle ensuite chaque paire de ronds par leur milieu en alternant les couleurs.

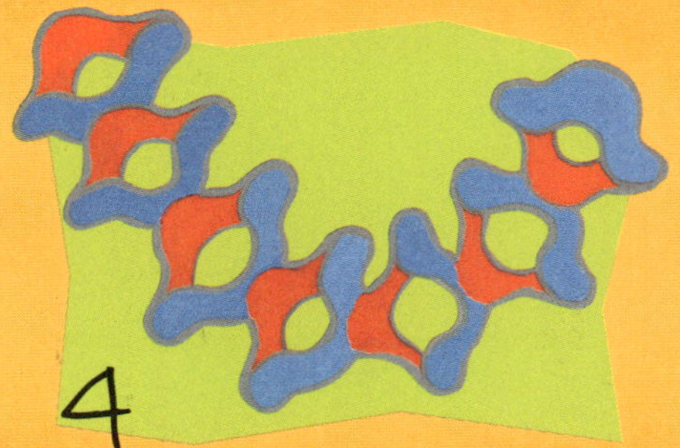

4

Laisse bien sécher avant de déplier ta guirlande.

Tu peux réaliser une guirlande multicolore en utilisant plus de couleurs.

Cocotte-surprise

Matériel *• papier crépon de couleur • ciseaux • colle en bâton • coton •*
• petites surprises •

1

Sur du papier crépon, reporte 2 fois le patron du bec, 6 fois celui de l'aile et 4 fois celui du barbillon.

2

Avec une assiette à dessert, découpe le rond du corps. Avec une soucoupe à café, découpe 2 ronds pour la tête. Découpe deux fois 3 ronds différents pour les yeux.

3

Plie le grand rond en deux et colle 3 ailes de chaque côté. Colle les yeux sur chaque face de la tête.

4

Remplis le corps de coton, ajoute la surprise et colle les bords. Colle une face de la tête sur le corps, mets du coton et colle l'autre face.

5

Colle 2 barbillons de chaque côté de la tête et colle les becs par-dessus. Pour la queue, plie une bande en deux, frange-la et colle-la.

Les patrons se trouvent à la fin du livre pages 247-248.

Pour offrir tes cocottes, dispose-les dans les assiettes le jour de Pâques en écrivant le prénom de chaque personne sur les ailes.

Poupées de papier

Matériel *• papier crépon de couleur • yeux mobiles • colle en bâton • • colle universelle • ciseaux • feutre rouge •*

1

Découpe une bande de 11 x 80 cm pour le corps, 2 bandes de 7 x 25 cm pour les bras et 2 bandes de 10 x 25 cm pour les jambes. Forme des rouleaux.

2

Pour les habits, découpe des bandes plus courtes que les parties du corps et colle-les autour. Recourbe les pieds.

3

Fixe les jambes au corps en enroulant une bande de la même couleur que le pantalon. Ajoute le ceinturon. Fixe les bras en les entourant d'une écharpe.

4

Pour les cheveux, frange une bande et colle-la autour de la tête. Colle les yeux mobiles et un petit rouleau pour le nez. Dessine la bouche au feutre.

La fille se réalise sur le même principe. Le pantalon est remplacé par une jupe et les cheveux sont plus longs.

Crayons fleuris

Matériel *• papier crépon de couleur • crayons • ciseaux • colle en bâton •*

Découpe des franges dans une bande de 6 x 50 cm pour la fleur. Découpe une bande verte de 2 x 10 cm et une autre de 2 x 25 cm.

Colle la petite bande à la base de la fleur en l'enroulant. Colle la grande bande autour du crayon. Serre bien à chaque tour.

Colle la fleur au sommet du crayon en l'enroulant. Serre bien à chaque tour.

Reporte le patron de la double feuille sur du papier crépon vert. Découpe la forme. Entortille les feuilles autour de la tige.

Pour ranger tes crayons fleuris, utilise un petit pot de fleur en terre cuite.

Le patron des feuilles se trouve à la fin du livre page 247.

Les clowns

Matériel *• papier crépon de couleur • carton d'emballage • carton fin • papier de couleur • bouchons en liège • petit pot de yaourt de couleur • fil élastique • peinture (gouache) • pinceaux • perforatrice • agrafeuse • attaches parisiennes • ciseaux • compas • colle en bâton • colle universelle •*

Tourne vite la page pour fabriquer ta perruque et un accordéon.

La veste

1

Découpe une bande de 50 x 100 cm de longueur dans du papier crépon. Plie-la en deux. Colle un triangle de 25 cm de côté sur le devant et des carrés ou des ronds des deux côtés.

2

Découpe un demi-cercle de 20 cm de diamètre pour l'encolure. Pour les boutons, fais des grosses boulettes de papier et colle-les.

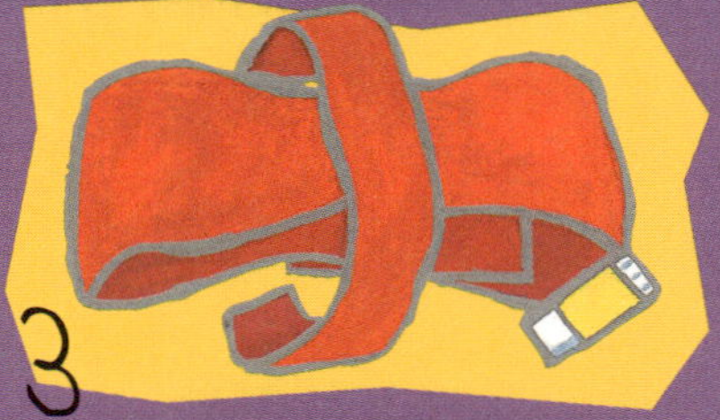

3

Pour le nœud papillon, plie une bande de 14 x 25 cm en deux et colle les extrémités. Colle une bande de 5 x 30 cm en l'enroulant sur la première.

4

Perce 2 trous de chaque côté au milieu et en bas. Après avoir enfilé la veste, ferme-la avec des attaches parisiennes.

Les clowns

La perruque

1

Découpe 3 bandes de 25 x 40 cm et frange-les tous les 2 cm. Découpe un cercle de carton fin de 10 cm. Agrafe les bandes sur le carton et un élastique dessous.

2

Découpe une rondelle de carton pour y passer le pot de yaourt et colle le tout au-dessus des cheveux. Coupe une frange.

L'accordéon

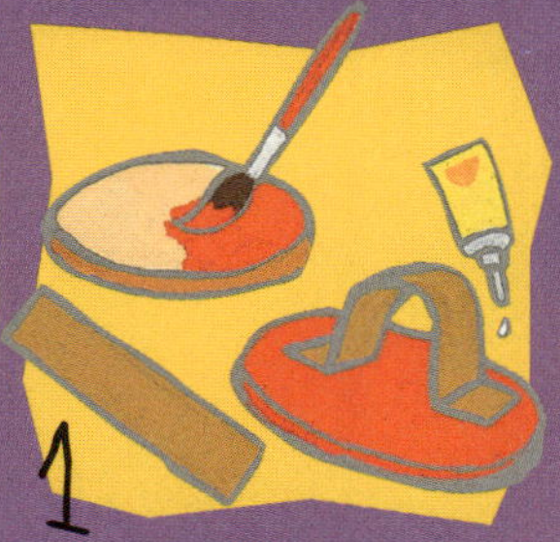

1

Découpe 2 ronds de 16 cm dans le carton d'emballage. Peins-les. Découpe 2 bandes de papier de couleur de 3 x 25 cm pour les poignées et colle-les.

2

Découpe 2 bouchons en trois, peins les morceaux et colle-les sur l'accordéon.

3

Réalise une guirlande de papier crépon (voir page 96) et colle chaque extrémité à une partie de l'accordéon.

Souris et lapins

Matériel ***• papier crépon de couleur • petites perles de rocaille • ciseaux • • crayon à papier • colle en bâton • colle universelle •***

1

Pour le corps, découpe une bande de 6 x 100 cm. Marque un repère à 4 cm à une extrémité et coupe la bande en biais à partir de ce repère.

3

Réalise un rouleau pour le museau. Frange la queue du lapin et forme un rouleau. Pour la queue de la souris, entortille la bande sur elle-même.

Les patrons des oreilles se trouvent à la fin du livre page 248.

2

Découpe une bande de 3 x 20 cm pour le museau, une bande de 2 x 30 cm pour la queue de la souris et une de 3 x 20 cm pour celle du lapin.

4

Dispose le museau et la queue de l'animal comme sur le dessin. Enroule la bande sur elle-même et colle-la.

5

Reporte les patrons des oreilles sur 2 épaisseurs de crépon et découpe-les. Colle les oreilles et ajoute les petites perles pour les yeux.

À l'aide d'une épingle à nourrice, transforme ton animal préféré en broche.

Fleurissimo

Matériel *• papier crépon de couleur • coton • chenilles • fil à coudre • ciseaux •*

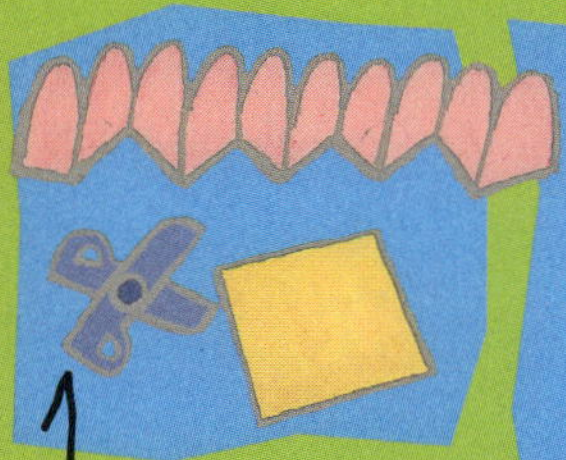

1

Découpe une ribambelle de pétales en reportant le patron sur une bande de crépon pliée en dix (voir page 92). Découpe un carré de 10 x 10 cm d'une autre couleur.

2

Pour le cœur de la fleur, place un morceau de coton au centre du carré. Referme le carré comme un sac en nouant du fil à coudre à la base.

3

Enroule la bande de pétales autour du cœur et serre bien à la base. Fixe la bande à l'aide d'une chenille entortillée.

4

À l'aide du patron, tu peux découper des feuilles et les entortiller sur les tiges.

Variante

À l'aide d'une soucoupe à café, trace et découpe 3 ronds de crépon. Superpose-les. Pince-les comme sur le dessin et entortille une chenille à la base.

Les patrons des pétales de la fleur et des feuilles se trouvent à la fin du livre page 247.

Enroule une fleur autour de ton poignet ou dans tes cheveux. Tu peux aussi t'en servir pour décorer le pied d'un verre.

Mini-potager

Matériel *• papier crépon de couleur • coton • ciseaux • ciseaux cranteurs • • colle en bâton • fil à coudre •*

Radis, carotte et poireau

1

Pour la partie fine de la racine, tords une bande de 1 x 20 cm sur elle-même. Pour celle du poireau, frange une bande de 3 x 6 cm et enroule-la.

2

Enroule une bande plus grande autour (radis : 5 x 60 cm, carotte : 6 x 60 cm, poireau : 9 x 60 cm) et colle-la.

3

Pour les feuilles du radis, découpe une ribambelle en reportant le patron sur une bande de papier crépon pliée en six (voir page 92).

4

Pour le poireau, découpe une bande de 12 x 20 cm et frange-la tous les 1,5 cm. Pour la carotte découpe une bande de 9 x 30 cm et frange-la tous les 1 cm avec des ciseaux cranteurs.

Les patrons des feuilles se trouvent à la fin du livre page 248.

5

Enroule les feuilles sur les légumes et colle-les.

Tourne vite la page pour réaliser d'autres légumes !

Mini-potager

Chou-fleur

Découpe une ribambelle de feuilles en reportant le patron sur une bande de papier crépon pliée en quinze (voir page 92).

Place du coton au centre d'un carré blanc de 15 x 15 cm. Referme le carré comme un sac avec du fil à coudre.

Enroule la bande de pétales autour du cœur et serre bien à la base. Fixe la bande à l'aide de fil enroulé et fais un nœud.

Laitue et frisée

Découpe 2 ribambelles de feuilles en reportant le patron de ton choix sur une bande de crépon vert clair pliée en dix. Découpe une ribambelle de même taille en vert foncé.

Enroule les bandes vert clair en serrant bien au début. Enroule ensuite la bande vert foncé puis entortille du fil et finis par un nœud. Pour les feuilles de la frisée, utilise des ciseaux cranteurs.

Les patrons des feuilles se trouvent à la fin du livre page 248.

Dispose tes légumes dans des petits paniers pour jouer à la marchande.

Manche à air

Matériel *• papier crépon de couleur • papier fort • ciseaux • colle en bâton •*
• colle universelle • perforatrice • ficelle •

1

Plie une bande rouge de 50 x 40 cm en deux. Fais un repère à 12 cm du pli et trace une ligne comme sur le dessin. Découpe et colle la longueur pour former un tube.

2

Pour chaque face du poisson découpe : 12 ronds roses de 8 cm de diamètre, 11 ronds rouges et 1 rond blanc de 6 cm, 1 rond bleu de 4 cm et 1 petit rond rose.

3

Colle les rouges sur les roses, puis colle-les les uns sur les autres en commençant à 6 cm du bord. Finis par 2 demi-ronds. Ajoute les yeux et la narine. Réalise les 2 faces du poisson.

4

Pour la queue, découpe 2 bandes roses et 2 rouges de 15 x 18 cm. Frange-les. Colle-les en biais en commençant par les rouges.

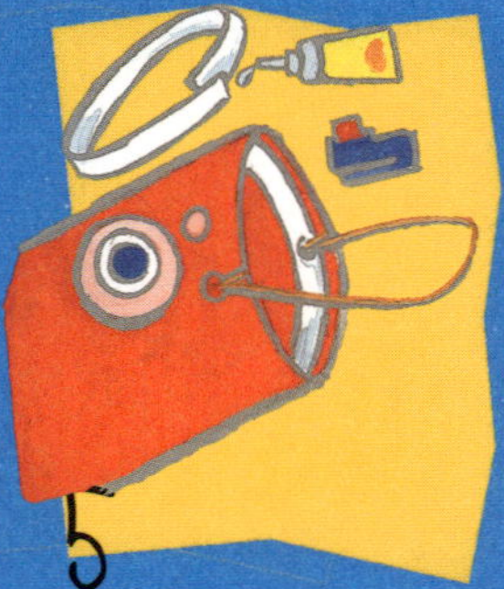

5

Découpe une bande de 2 x 40 cm de papier fort. Forme un cercle et colle-le dans la bouche du poisson. Replie les bords, perce 2 trous et noue une ficelle.

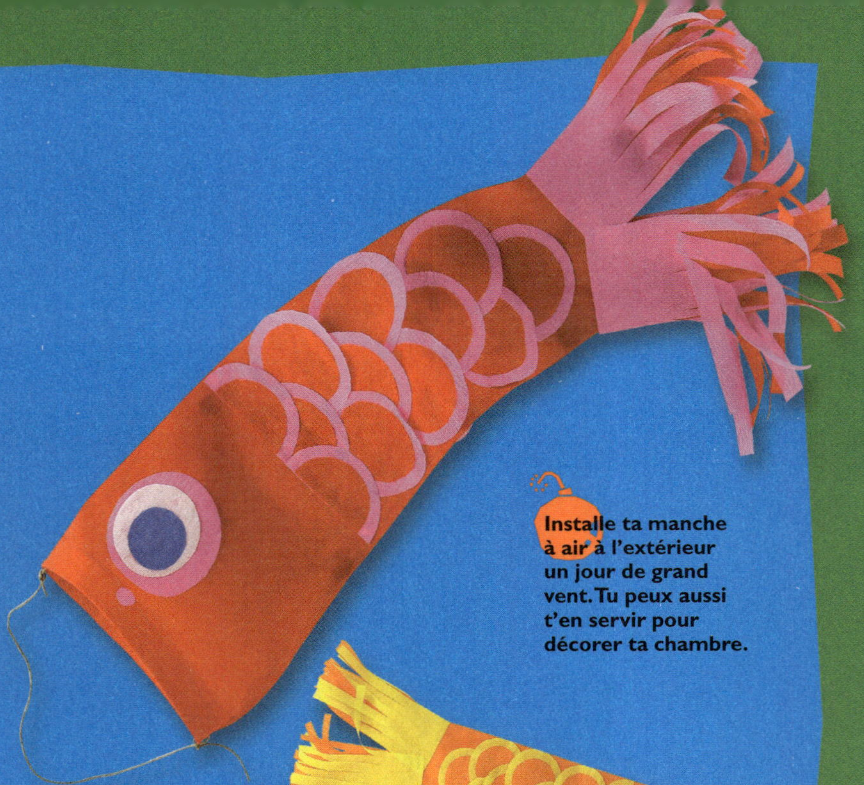

Installe ta manche à air à l'extérieur un jour de grand vent. Tu peux aussi t'en servir pour décorer ta chambre.

106

Papier mâché

Les secrets du papier mâché

Le papier mâché, c'est facile !

Il suffit de superposer plusieurs couches de papier journal encollé. En séchant, le papier durcit. Avec cette technique, tu pourras fabriquer plein d'objets !

Petits conseils

Protège la table avec un plastique ou une toile cirée. Tu auras besoin de plusieurs séances pour la fabrication des objets, car il faut toujours prévoir un temps de séchage entre chaque étape. Pour gagner du temps, commence plusieurs objets à la fois.

Colle à papier mâché

- une tasse à café de colle à papier peint universelle
- eau
- une petite bassine
- un bâton

Mesure et verse 6 tasses d'eau dans la bassine. Verse la colle doucement tout en brassant l'eau avec le bâton.
Mélange bien puis laisse reposer selon le temps indiqué par le fabricant de la colle.
La colle peut se conserver plusieurs jours dans une boîte hermétique.

Les formes

Pour donner du volume à tes réalisations, utilise :

- du carton ou des rouleaux de récupération, du grillage...

- des moules : par exemple un saladier ou une bouteille. Enveloppe-les dans du papier d'aluminium, ils seront plus faciles à retirer.

Comment procéder ?

Déchire des bandes de papier journal de 4 cm de large et de 10 cm de long environ. Trempe-les dans la colle. Applique-les sur la forme choisie en les faisant se chevaucher. Lisse avec les doigts. Superpose plusieurs couches. Laisse bien sécher.

Astuce : Pour obtenir des rebords nets, pose des petits morceaux de papier journal à cheval.

Peinture

Utilise de la peinture à l'eau pas trop diluée. L'acrylique, plus couvrante que la gouache, tient mieux et n'a pas besoin d'être vernie.

En avant la musique !

Matériel *• papier mâché (voir page 108) • rouleaux en carton : 2 grands et 2 petits • • 2 petits ballons de baudruche • scotch • riz • scotch de couleur • peinture • pinceaux •*

Bâton de pluie

1 Scotche les grands rouleaux bout à bout. Recouvre-les de 2 couches de papier mâché en laissant une extrémité ouverte. Laisse sécher.

2 Verse une poignée de riz dans les rouleaux. Bouche-les avec 2 couches de papier mâché. Laisse sécher.

Maracas

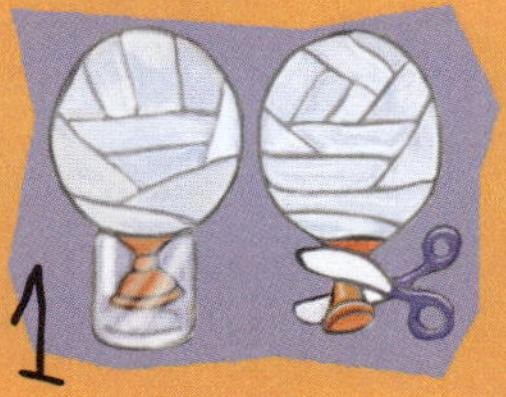

1 Gonfle les ballons. Recouvre-les de 4 couches de papier mâché, sauf autour du nœud. Laisse bien sécher. Coupe les nœuds et retire les ballons.

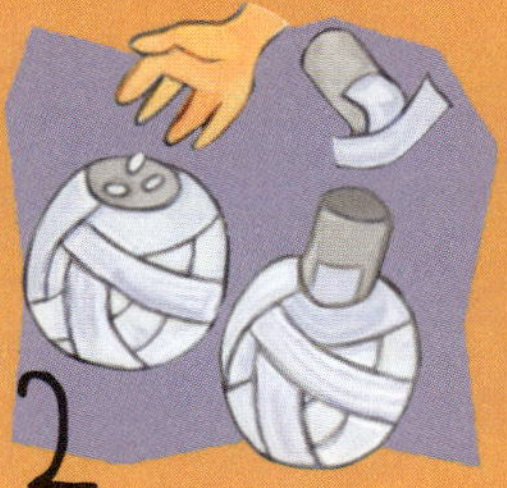

2 Verse une poignée de riz dans chaque boule. Bouche chaque petit rouleau avec 2 couches de papier mâché. Enfonce-les dans les boules.

3 Fixe les petits rouleaux sur les boules avec des petits morceaux de papier mâché, puis recouvre-les complètement. Laisse bien sécher.

Finitions

Peins les instruments. Laisse sécher. Décore avec du scotch de couleur.

Pour varier la sonorité des instruments, remplace le riz par d'autres graines, des petites rondelles métalliques ou des grelots.

Cadres animaliers

Matériel *• papier mâché (voir page 108) • carton épais • bol • crayon • ciseaux • • colle • peinture • pinceaux • attache à tableau en toile gommée •*

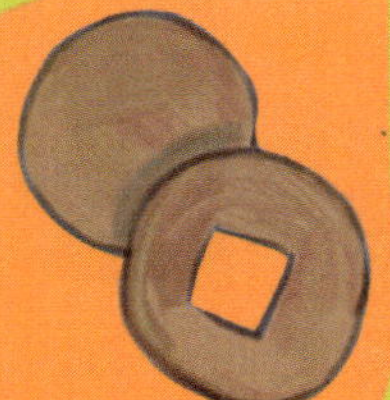

1

Dessine puis découpe 2 ronds de carton identiques. Avec l'aide d'un adulte, découpe une fenêtre de 5 cm de côté au centre de l'un d'eux.

2

Recouvre les 2 parties du cadre de 2 couches de papier mâché.

3

Forme les pattes, la tête et la queue de l'animal avec des bandes de papier mâché. Fixe-les sur le cadre à l'aide de bandes encollées. Laisse sécher.

4

Peins les 2 côtés de chaque partie du cadre en laissant sécher entre les couleurs.

5

Colle le cadre sur le fond en laissant un passage pour la photo. Fixe une attache en toile gommée au dos.

Pour réaliser un cadre carré, découpe 2 morceaux de carton de 14 cm de côté. Utilise un verre pour dessiner la fenêtre ronde.

Bolides cintrés

Matériel ***• papier mâché (voir page 108) • cintres de teinturier • peinture • • pinceaux • crayon •***

1

Découpe de longues bandes de papier. Encolle-les et enveloppe le cintre. Pose environ 3 couches.

2

Forme les roues avec des grands morceaux de papier mâché. Fixe-les de chaque côté du cintre avec des petits morceaux de papier mâché. Laisse bien sécher.

3

En tenant le cintre par le crochet, peins les 2 côtés de la carrosserie d'une couleur unie. Pose-le à l'envers dans un bocal pour le faire sécher.

4

Au crayon, trace le contour des fenêtres, des jantes, des enjoliveurs, etc. Peins-les. Laisse bien sécher avant de suspendre les vêtements.

Fabrique des cintres pour chaque membre de ta famille. Personnalise-les en écrivant un prénom ou en dessinant un conducteur.

Fleur de couleurs

Matériel *• papier mâché (voir page 108) • un petit ballon de baudruche • • une petite assiette creuse recouverte d'aluminium • scotch de couleur • peinture • • pinceaux • colle • crayons de couleur •*

1

Gonfle le ballon. Recouvre-le de 4 couches de papier mâché en laissant un trou autour du nœud. Recouvre l'intérieur de l'assiette de 3 couches de papier mâché.

2

Après séchage, retire le ballon. Perce la boule avec la pointe d'un crayon à intervalles réguliers. Démoule l'assiette. Dessine puis découpe le tour en forme de fleur.

3

Peins la boule et la fleur avec 2 couleurs vives. Laisse sécher. Ajoute des anneaux autour de chaque trou de la boule.

4

Colle la boule sur la fleur. Entoure des morceaux de scotch de couleur autour de tes crayons. Plante-les dans la boule.

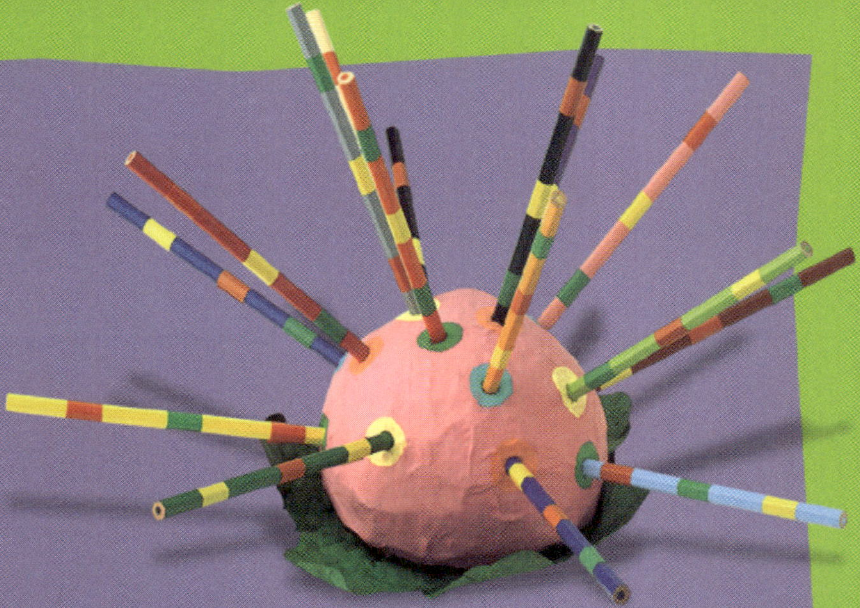

Pour fabriquer une trousse assortie, tapisse la boîte d'un rouleau de papier aluminium de 2 couches de papier mâché. Après séchage, peins-la et décore-la avec du scotch de couleur.

Serpent à CD

Matériel *• papier mâché (voir page 108) • grillage à mailles carrées : une bande de 150 x 14 cm environ • • peinture • pinceaux • boules de cotillon • petits ronds en mousse • colle •*

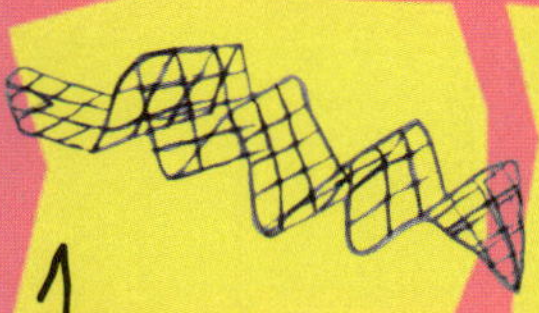

1

En faisant bien attention à ne pas te piquer, replie les 4 coins de la bande de grillage, puis plie-la en zigzag.

2

Recouvre le grillage de 3 couches de papier mâché d'un côté. Laisse sécher et recommence de l'autre côté.

3

Pour obtenir des bords nets, colle des morceaux de papier à cheval tout autour du serpent. Modèle une langue avec des bandes de papier mâché. Laisse bien sécher.

4

Peins le serpent en uni, en laissant sécher entre le dessus et le dessous. Peins la langue et des motifs sur le corps.

5

Peins 2 boules de cotillon pour les yeux. Laisse-les sécher. Colle-les sur la tête. Ajoute 2 petits ronds en mousse pour les pupilles.

Si tu n'as pas de petits ronds en mousse, tu peux les remplacer par des petits ronds de carton peint.

Drôle de couple

Matériel *• papier mâché (voir page 108) • 2 bouteilles lisses en plastique • • scotch • œufs en polystyrène • aluminium • boules de cotillon • papier épais • peinture • • pinceaux • colle •*

1

Colle un œuf en polystyrène au sommet d'une bouteille. Enveloppe d'aluminium. Recouvre la bouteille de 3 couches de papier mâché, sauf la base.

2

Pour les bras, vrille une bande de papier mâché en conservant une partie plate à chaque extrémité. Colle-les.

3

Si tu veux, confectionne un sac à main avec un morceau de papier mâché replié et une bande de papier vrillée. Laisse bien sécher le personnage.

4

Colle 2 boules de cotillon pour la poitrine et laisse sécher. Dans du papier épais, découpe des pieds, un chapeau ou une visière, des manches, etc.

5

Peins les grandes zones de couleurs. Ajoute les détails. Peins les éléments en papier. Après séchage et démoulage, colle-les sur ton personnage.

Démoulage

Après séchage complet, tire sur la bouteille en maintenant la tête. L'œuf doit se décoller.

Fabrique un personnage pour cacher les bouteilles de ton eau ou de ton soda préféré : la table aura un air de fête !

Oh les chapeaux !

Matériel *• papier mâché (voir page 108) • saladier et bol • scotch • aluminium • • carton • ciseaux • boule de cotillon • chenille • peinture • pinceaux • colle •*

1

Pour le moule, pose le saladier à l'envers et fixe le bol retourné dessus avec du scotch. Enveloppe le tout d'aluminium. Recouvre ce moule de 3 couches de papier mâché.

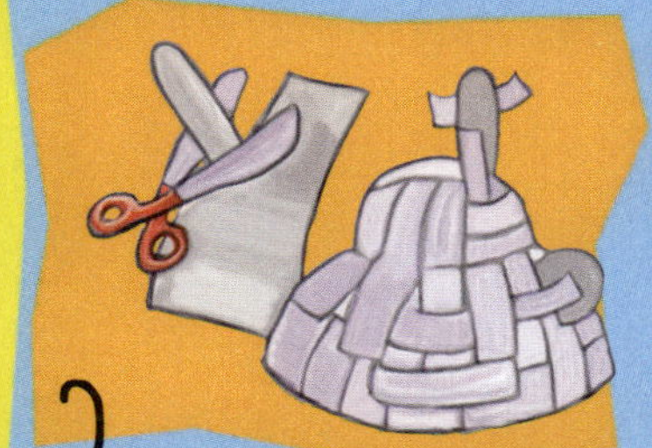

2

Découpe les pattes et les oreilles dans du carton. Fixe-les et recouvre-les avec des petits morceaux de papier mâché.

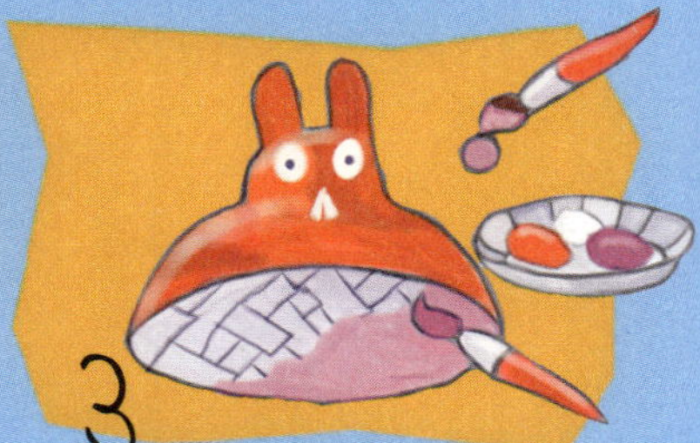

3

Laisse sécher complètement avant de démouler. Peins l'intérieur puis l'extérieur en uni. Peins des yeux, des dents, un motif, puis une boule de cotillon. Laisse sécher.

4

Colle la boule de cotillon. Perce un trou à l'arrière. Glisse une chenille et fixe-la en faisant un petit nœud. Mets la queue en forme.

Il suffit de presque rien pour compléter ce déguisement. Choisis des vêtements d'une couleur unie, noue un foulard autour de ton cou. Vive la fête !

Abeilles et papillons

Matériel *• papier mâché (voir page 108) • carton souple • scotch • aluminium • • fil de fer • papier de soie • peinture • pinceaux • feutre noir • colle •*

1

Pour chaque modèle, forme un rouleau de carton de la taille d'un doigt. Scotche-le et recouvre-le d'aluminium.

2

Enroule une grande bande de papier journal de 8 cm de large autour du rouleau. Écrase le haut. Recouvre la bande enroulée de papier mâché. Laisse sécher.

3

Pour les ailes, forme une boucle à chaque extrémité d'un fil de fer d'environ 20 cm en laissant 2 cm droits au centre.

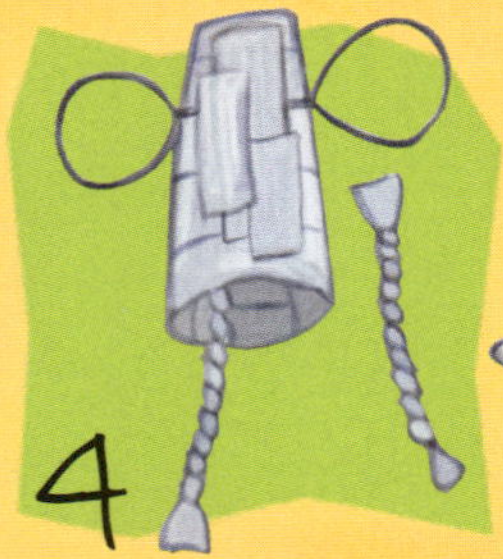

4

Démoule le corps. Fixe les ailes avec des morceaux de papier mâché. Pour les jambes, vrille des bandes de papier mâché. Colle-les à l'intérieur. Laisse sécher.

5

Peins selon ta fantaisie en laissant sécher entre les couleurs. Dessine les détails au feutre. Recouvre les ailes de petits morceaux de papier de soie encollés.

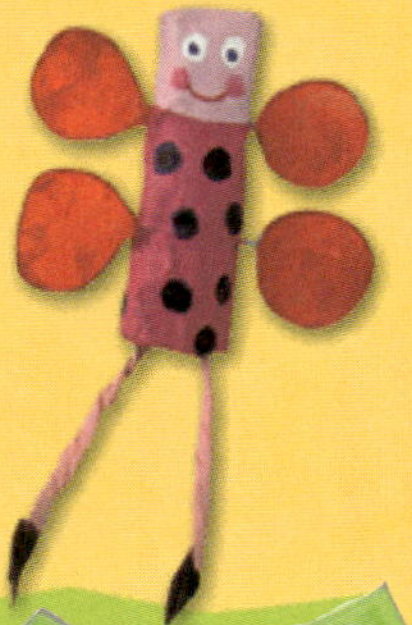

Demande à un adulte de t'aider à couper le fil de fer. Transforme tes créations en magnets en collant un aimant au dos.

Décors de Noël

Matériel *• papier mâché (voir page 108) • carton souple • scotch• aluminium • • peinture • pinceaux • crayon • fils à scoubidou • fleurs en bolduc • perles plates • • petits strass • grelots • colle •*

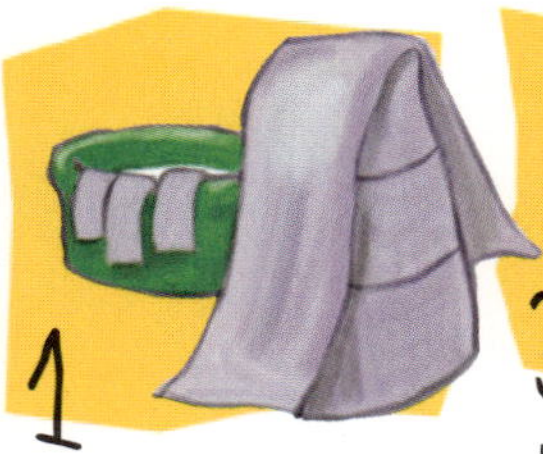

1

Pour les corps, suis les étapes 1 et 2 de la page 116 en changeant quelques détails : fabrique des moules plus larges et laisse le haut de la tête droit.

2

Démoule après séchage complet. Peins la tête d'une couleur et le corps d'une autre. Laisse bien sécher. Peins les détails.

3

Perce des trous en haut et pour les bras avec un crayon. Glisse des morceaux de fil à scoubidou pour les bras. Enfile des grelots. Noue aux extrémités.

4

Glisse un fil de 50 cm plié en 2 dans le trou du haut. Noue à mi-hauteur. Tire la boucle vers le haut. Enfile les grelots et noue les extrémités.

5

Troue une fleur en bolduc au milieu. Passe-la dans la boucle et colle-la sur la tête. Colle des perles et des petits strass.

Si tu n'as pas de strass, colle des petits morceaux de papier métallisé à la place.

Voitures à secrets

Matériel *• papier mâché (voir page 108) • boîte de mouchoirs • scotch • aluminium • • 4 boules en polystyrène de 5 cm • 2 boules de cotillon • carton épais • brochettes en bois • • papier fin • crayon • ciseaux • colle • peinture • pinceaux •*

1

Froisse du papier journal pour former l'habitacle de la voiture. Scotche-le sur la boîte. Fixe 2 boules de cotillon à l'avant pour les phares.

2

Enveloppe l'ensemble dans une grande feuille d'aluminium. Recouvre le dessous et les côtés de 3 couches de papier mâché.

3

Après séchage, enveloppe le dessus et les côtés d'aluminium, puis recouvre-les de 3 couches de papier mâché. Laisse sécher puis démoule.

4

Dessine une étoile ou une fleur autour d'un cercle de 4 cm. Avec ce patron, découpe 4 roues en carton.

5

Peins la voiture, les roues et les boules en polystyrène. Laisse sécher. Colle les roues sur les boules. À l'aide des brochettes, perce 4 petits trous dans le bas de la boîte. Raccourcis les brochettes, glisse-les dans les trous et enfonce les boules.

Donne un air rigolo à ta voiture en collant un petit ressort en guise d'antenne. Fixe des gommettes ou un motif en carton peint au bout.

Tirelires en délire

Matériel ***• papier mâché (voir page 108) • verre à bords droits • • boule en polystyrène ou orange • aluminium • fil de fer • boules de cotillon • • peinture • pinceaux • crayon •***

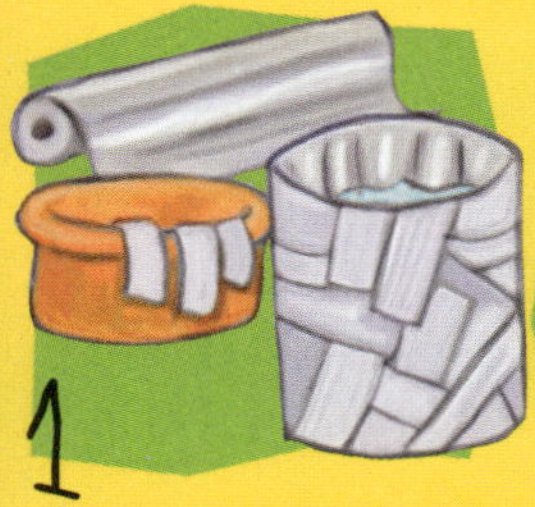

1

Emballe le verre dans de l'aluminium. Recouvre-le de 3 couches de papier mâché. Laisse bien sécher.

2

Pour la tête, dispose une boule en polystyrène ou une orange au sommet du verre. Recouvre le tout d'aluminium.

3

Recouvre la tête de 3 couches de papier mâché en laissant une fente pour les pièces et en débordant de 2 cm sur le verre.

4

Forme 2 rectangles avec du papier journal replié. Encolle-les et fixe-les sous le corps. Laisse sécher au bord d'une étagère recouverte d'aluminium.

5

Après séchage, démoule et peins la tirelire à ta guise. Pour les bras et les pieds, perce des trous et accroche des morceaux de fil de fer avec l'aide d'un adulte.

Finitions

Colle les boules de cotillon, puis un ressort de fil de fer peint pour les cheveux.

Pour la version fille, remplace les jambes par un disque de carton recouvert de papier mâché. Perce des trous sur la tête et enfonce des cheveux en chenille.

Masque de martien

Matériel *• papier mâché (voir page 108) • gros ballon de baudruche • • 13 petits rouleaux de carton • 2 boules en polystyrène de 5 cm • papier noir épais • • carton fin • ciseaux • colle • peinture • pinceaux • éponge •*

1

Pose le ballon gonflé dans un saladier moyen. Recouvre-le de 3 couches de papier mâché jusqu'au rebord du saladier.

2

Après séchage, perce le ballon. Enfile le masque pour repérer la place des yeux et de la bouche. Retire-le. Demande à un adulte de découper des trous.

3

Colle les rouleaux sur le masque. Lorsque la colle est sèche, consolide avec une couche de papier mâché. Laisse sécher. Colle des lèvres en carton.

4

Peins l'intérieur des rouleaux, le masque en vert, puis les yeux. Avec une éponge, tamponne de la peinture jaune sur le masque.

5

Pour les cils, frange 2 bandes de papier noir de 15 x 7 cm. Colle-les à l'intérieur de 2 rouleaux. Colle les yeux par-dessus.

Les narines du martien correspondent aux trous pour les yeux.

Pour que le masque soit assez grand, le ballon gonflé doit être plus gros que ta tête. Si le masque est trop étroit en bas, demande à un adulte de le recouper avant de le peindre.

Au théâtre ce soir !

Matériel *• papier mâché (voir page 108) • bols recouverts d'aluminium • • boules en polystyrène de 5 cm • crayon • boules de cotillon • • petits ballons ronds • colle • peinture • pinceaux • gommettes • ciseaux •*

Recouvre les bols et les boules en polystyrène de 3 couches de papier mâché. Si tu le souhaites, ajoute un nez et des cheveux. Laisse sécher.

Démoule les bols. Perce 3 trous assez larges pour passer tes doigts.

Dans les boules, perce un trou assez grand pour glisser ton index. Termine certaines coiffures en collant des boules de cotillon.

Peins les marionnettes avec des couleurs vives. Quand la peinture est sèche, décore avec des gommettes.

Découpe l'ourlet des ballons puis 4 languettes. Glisse les ballons dans les trous des bras et colle les languettes sur l'intérieur du corps.

Tourne vite la page et fabrique un castelet pour tes marionnettes.

Au théâtre ce soir !

Matériel *• papier mâché (voir page 108) • cagette en carton • crayon • • boules de cotillon • peinture • pinceaux • colle • papier de soie • ciseaux •*

1

Dessine la forme d'une fenêtre dans le fond de la cagette. Demande à un adulte de la découper au cutter.

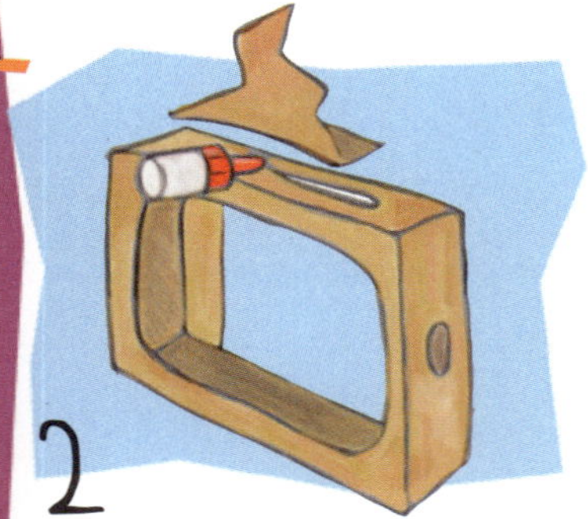

2

Sur la chute de carton, dessine un fronton avec une languette. Découpe-le et colle-le sur le dessus de la cagette.

3

Pose des morceaux de papier mâché à cheval sur les rebords et consolide le collage du fronton. Laisse bien sécher.

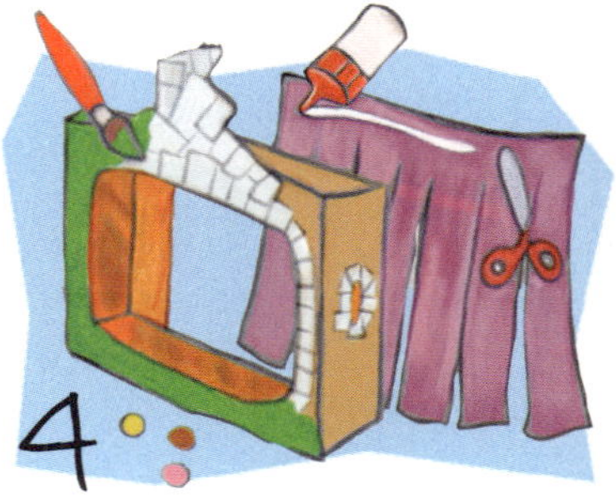

4

Peins le castelet en laissant sécher entre les couleurs. Pour le rideau, découpe des franges dans un rectangle de papier de soie. Colle-le à l'arrière. Ajoute des boules de cotillon.

Inspire-toi de tes lectures ou invente tes propres histoires. Que le spectacle commence !

Papier et carton

Les secrets pour tout réussir

Matériel

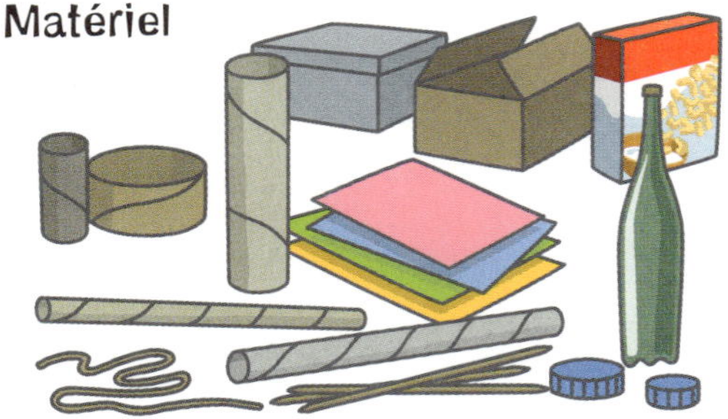

Récupère les rouleaux de papier toilette, d'essuie-tout, de scotch de peintre ou d'emballage, les tubes de papier d'aluminium, de film alimentaire, de papier cadeau, de kraft...
Garde les cartons d'emballage, les boîtes à chaussures, ainsi que la cartonnette des boîtes de céréales.
Il te faudra aussi du papier de couleur, de la ficelle, des brochettes en bois, des bouchons et des bouteilles en plastique.

La peinture

Protège la table. Utilise de préférence de la peinture acrylique, plus couvrante que la gouache. Pour unifier le carton, tu peux commencer par poser une couche de blanc. Laisse bien sécher entre chaque couleur ou chaque couche. Nettoie tes pinceaux à l'eau tiède et au savon.

Comment reporter un patron

Tu trouveras les patrons à la fin du livre pages 249 à 253 et sur la feuille de patrons détachable. Par transparence, reporte-les sur du papier calque ou du papier blanc très fin. Découpe-les.

Pose la forme sur le support souhaité. Maintiens-la pour qu'elle ne bouge pas, puis trace le contour au crayon.

La colle

Utilise de la colle blanche vinylique.

Mesurer les rouleaux

Utilise une règle. Trace des repères selon la longueur désirée.

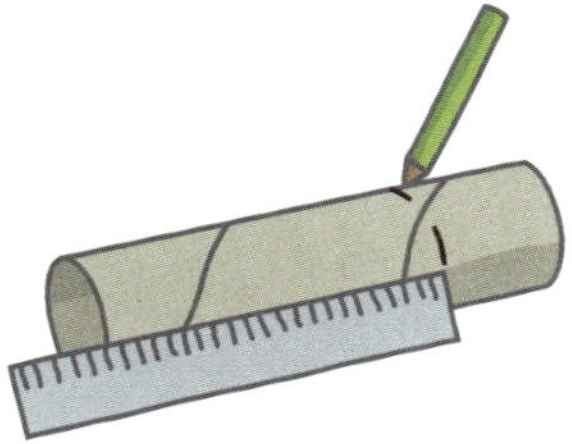

Enroule un papier à la hauteur des repères et relie-les.

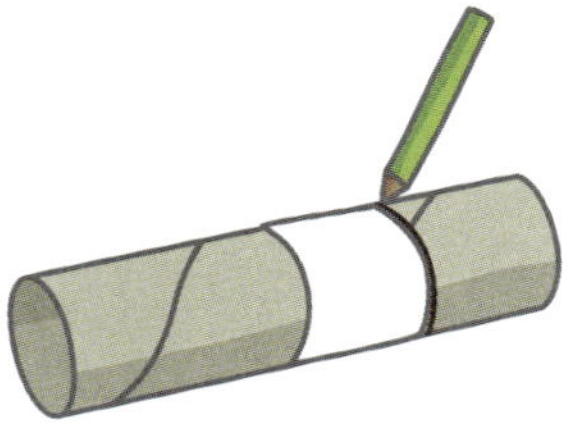

Découper les rouleaux

Découpe en biais, jusqu'à la ligne, puis suis-la.

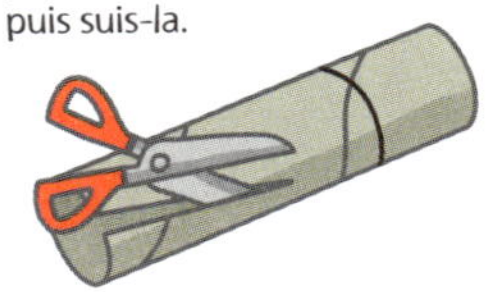

Pour ne pas gâcher le carton ou pour les tubes plus rigides, demande à un adulte d'utiliser un cutter.

Rondelle de cartonnette ou de papier

Elles bouchent les rouleaux. Pose un rouleau sur du papier ou de la cartonnette. Trace son contour, puis découpe la rondelle.

Le papier mâché

Prépare de la colle à papier peint, selon la notice du fabricant.

Déchire des morceaux de papier journal. Trempe-les dans la préparation et applique-les sur le support, en les chevauchant. Laisse bien sécher.

Animaux très rigolos

Matériel *• papiers de couleur : carrés de 21 cm de côté et chutes • • feutre noir • colle • ciseaux •*

1

Plie une feuille pour marquer les diagonales et repérer le centre. Plie les 4 coins vers le centre du carré.

2

Retourne ce nouveau carré. Plie de nouveau les 4 coins jusqu'au centre.

3

Plie en deux le carré obtenu. Ramène les 4 angles vers le centre. Colle-les deux à deux.

4

Dans différents papiers, reporte et découpe les détails. Découpe aussi les moustaches et les dents du lapin. Dessine au feutre les pupilles et les pattes. Colle tous ces éléments.

Les patrons se trouvent à la fin du livre page 252.

La langue de la grenouille

Découpe une bande de papier rouge de 20 x 1 cm. Enroule-la autour du feutre pour qu'elle prenne la forme d'une spirale. Colle-la.

Glisse 4 doigts dans les creux à l'arrière et presse-les doucement pour donner l'illusion que l'animal parle.

Marionnettes à doigts

Matériel • *papiers de couleur* • *colle* • *ciseaux* • *feutre noir* • *crayons de couleur* •

1

Reporte les patrons des personnages sur du papier couleur chair, ceux des vêtements, des chapeaux, des yeux et des cheveux sur d'autres couleurs.

2

Découpe les éléments. Décore les chapeaux. Colle les habits et les cheveux. Dessine les détails du visage.

3

Demande à un adulte de découper 2 trous au bas du personnage et une encoche de 2 cm au niveau des cheveux.

Les chaussures

Pour les chaussures, colle des petites bandes en formant un tube. Décore-les au crayon ou avec du papier.

Choisis un chapeau et des chaussures. Glisse l'index et le majeur dans les 2 trous. En route pour une promenade !

Les patrons se trouvent à la fin du livre page 249, 250 et 251.

À la pêche !

Matériel *• boîte de céréales • carton fin • ficelle • 2 brochettes en bois •*
• peinture et pinceaux • ciseaux • colle •

Découpe une face de la boîte. Recolle les côtés.

À l'aide des patrons, trace sur le carton fin les formes pour fabriquer plusieurs poissons, 2 hameçons et 2 flotteurs. Découpe-les.

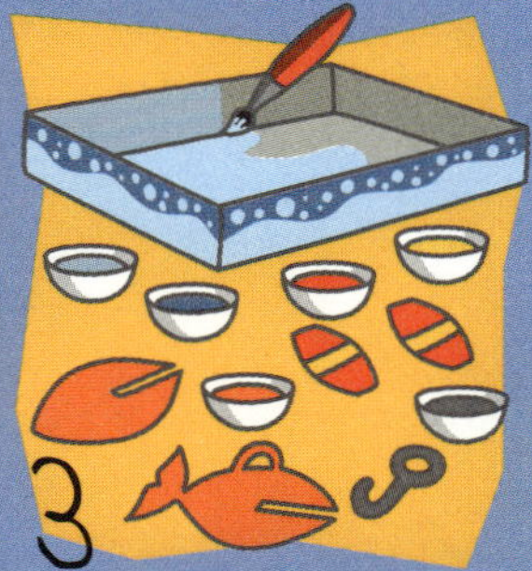

Peins la boîte et les éléments découpés. Ajoute les yeux des poissons.

Emboîte et colle les 2 parties des poissons.

Les patrons se trouvent à la fin du livre page 253.

Cannes à pêche

Colle les 2 faces d'un flotteur, en emprisonnant la ficelle. Noue la ficelle à la brochette et attache l'hameçon à l'autre extrémité.

Invite tes amis à une partie de pêche. Qui attrapera le plus de poissons ?

Tirelire-bus

Matériel ***• boîte en carton (thé, tisane) • papiers de couleur • carton rigide • règle • • ciseaux • colle • crayon à papier • peinture et pinceaux •***

1
Recouvre la boîte de papier orange, puis demande à un adulte de découper une fente au centre du couvercle.

2
Sur du papier gris, trace une bande de la longueur des deux petits côtés de la boîte et d'un des grands. Dessine la forme des roues.

3
Découpe l'ensemble. Colle-le au bas de la boîte.

4
Dans des papiers de couleur, découpe les fenêtres et les autres éléments de décor.

5
Sur le carton, dessine la forme du fond. Découpe-le à l'aide d'un adulte. Peins les arbres et le sol. Colle la tirelire contre le fond.

Choisis des portraits de toi et des membres de ta famille. Colle-les sur les fenêtres.

Bas les masques !

Matériel *• carton d'emballage • bouteille d'eau gazeuse en plastique • • journaux • scotch • ciseaux • crayon • colle à papier peint • peinture • pinceaux • • papier blanc • agrafeuse • élastique rond • règle •*

La recette du papier mâché se trouve page 124.

Les patrons se trouvent sur la feuille de patrons détachable et page 253.

1

Reporte le patron sur le carton et découpe-le. Demande à un adulte de découper le goulot de la bouteille en plastique à environ 13 cm du bouchon.

2

Place le goulot sur le masque. Trace son contour, puis découpe-le.

3

Scotche le goulot sur le masque. Recouvre l'ensemble de papier mâché. Laisse sécher.

4

Peins le masque.

5

Dans du papier blanc, reporte 2 fois le patron des dents et découpe-les. Dans du papier noir, découpe des bandelettes pour les moustaches. Colle tous les éléments.

Agrafe de chaque côté du masque les extrémités d'un morceau d'élastique adapté à ton tour de tête.

Château modulable

Matériel • *rouleaux de carton de différents diamètres et hauteurs • compas • • papiers de couleur • magazines • colle • ciseaux • peinture et pinceaux •*

1 Peins les rouleaux. Laisse sécher, puis décore-les avec des papiers de couleur ou
130
des motifs découpés dans les magazines.

2 Colle des rondelles de papier pour fermer les tours, de même diamètre ou plus large.

3 Pour les toits, trace des cercles de différents diamètres, dans du papier rouge. Découpe-les.

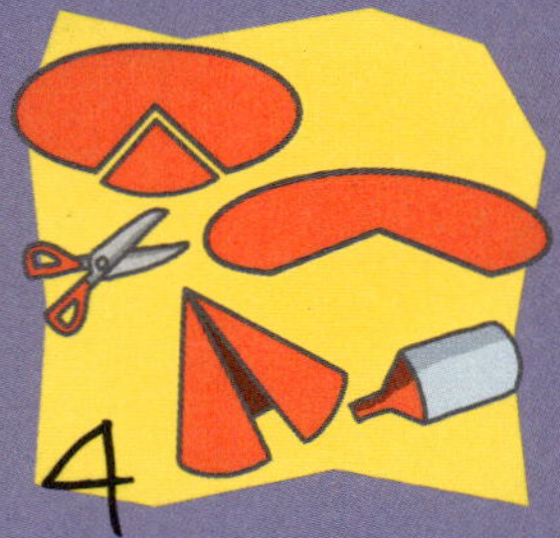

4 Découpe dans ces ronds un angle plus ou moins grand en partant du centre du cercle. Colle les 2 bords pour former un cône.

Buissons et arbres

Reporte les patrons sur du papier vert et découpe-les. Peins les troncs des arbres.

Pour peupler ton décor, tourne la page !

Château modulable

Matériel *• tubes en carton • ciseaux • colle • papiers de couleur • • compas • peinture et pinceaux • règle • crayon •*

Roi, princesse ou magicien, à toi d'inventer plein de personnages !

Les personnages

1

Demande à un adulte de couper des morceaux de tube de 4,5 cm. Peins-les. Laisse-les sécher.

2

Colle une rondelle de papier de couleur sur les têtes, du même diamètre ou plus large.

Cheveux bouclés

Découpe des bandelettes. Enroule-les autour d'un crayon. Colle-les sur la tête.

Chapeau pointu

Forme un cône, de la même manière que pour les toits du château (étapes 4 et 5 p. 30). Colle-le.

Chapeau haut de forme

Découpe une petite bande de papier. Roule-la en tube. Colle les 2 extrémités. Découpe et colle une rondelle de papier pour fermer le chapeau. Colle-le sur le personnage

Boîtes cadeaux

Matériel *• petites boîtes d'emballage • peinture et pinceaux • papiers de couleur • • colle • ciseaux • compas • perforatrice (facultatif) •*

Boîtes

1

Peins les boîtes. Laisse sécher.

132

2

À ta guise, ajoute des décors de papier : bandelettes collées, motifs aux angles, etc.

Pompon à franges

1

Découpe des bandelettes. Avec l'une d'elles, confectionne un anneau. Passe les autres à l'intérieur, plie-les et attache-les.

2

Avec un adulte, entaille le centre du couvercle. Passe une boucle dans l'anneau du pompon et colle-la sous le couvercle.

Pompon rond

Trace 6 ronds de même taille. Plie-les en deux et colle-les deux à deux, en emprisonnant une bandelette de papier. Colle l'extrémité sous le couvercle.

Attache une jolie étiquette pour noter un petit message.

Carte animée

Matériel ***• papiers blanc et de couleur • colle • ciseaux • crayons de couleur • • crayon à papier • règle • attache parisienne • feutre noir • cartonnette (16,5 x 16,5 cm) • • peinture et pinceaux •***

1

Sur du papier bleu, trace 2 carrés de 17 cm de côté. Sur l'un des deux, ajoute des languettes de 1 cm de large et une fenêtre. Découpe-les.

2

Superpose les 2 carrés. Découpe une encoche sur le côté ainsi que sur la cartonnette.

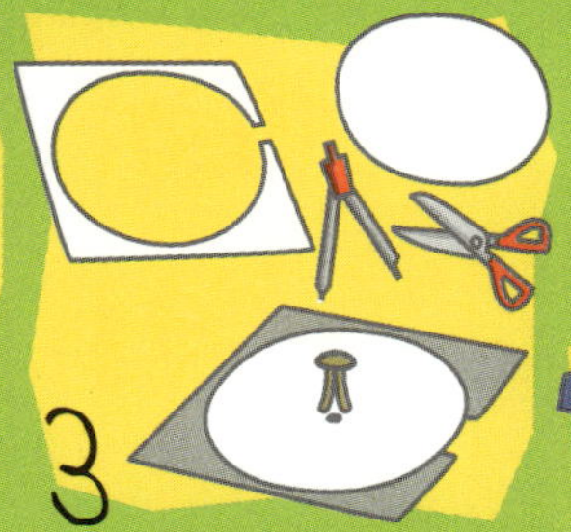

3

Découpe un disque de papier de 16 cm de diamètre. Avec une attache parisienne, fixe le disque en son centre sur la cartonnette.

4

Pose le disque de papier sur l'envers du carré bleu à languettes. Rabats-les. Colle le second carré.

Les patrons se trouvent à la fin du livre page 253.

5

Découpe le sol dans un papier bleu foncé. Reporte les patrons du chat et de l'aquarium pour décorer
ta carte. Reprends les contours au feutre.

À toi de dessiner ou d'écrire les « pensées » du chat ! Pour cela, fais tourner le disque.

Voiture de course

Matériel *• rouleau de papier essuie-tout (18 cm) • tube en carton (2,5 cm) • • 4 bouchons en plastique (2 gros et 2 petits) • colle • 2 brochettes en bois (9,5 cm) • • carton fin • peinture et pinceaux • ciseaux • agrafeuse • compas •*

1

Sur une extrémité du rouleau, découpe 2 encoches de 2 cm de long, l'une face à l'autre. Aplatis l'autre extrémité et agrafe-la.

2

Découpe un rectangle (4 x 8,5 cm) et une rondelle de carton fin du diamètre du tube en carton. Colle la rondelle.

3

Peins le carton fin, le rouleau et le tube. Laisse sécher avant d'ajouter les détails.

4

Demande à un adulte de percer le centre des bouchons. Trace au compas 8 cercles de 2 cm de diamètre. Découpe-les et peins-les.

5

Assemble ta voiture. Transperce l'avant et l'arrière de la voiture avec les brochettes. Enfile chaque roue entre 2 rondelles de carton, collées sur la brochette. Colle le pilote.

Pour que les roues puissent tourner, ne colle pas les bouchons en plastique sur les brochettes.

Toutou tout articulé

Matériel • *rouleau de papier essuie-tout • peinture et pinceaux • ciseaux • colle • papier blanc • perforatrice • perle ou cotillon rouge • 2 brochettes en bois • ficelle • cartonnette • règle •*

1

Découpe dans le rouleau trois morceaux de 9 cm, 6,5 cm et 5 cm. Dans la cartonnette, trace et découpe une rondelle de carton. Colle-la sur le plus grand rouleau.

2

Peins les 3 rouleaux. Peins les dents sur le plus grand. Laisse sécher. Colle la perle à la place de la truffe.

3

Reporte les détails du corps sur la cartonnette. Découpe-les, peins-les et colle-les sur le chien.

4

Perce des trous, comme sur le dessin. Relie les rouleaux à l'aide de la ficelle.

Les patrons se trouvent à la fin du livre page 251.

5

Perce un trou au milieu du premier et du dernier rouleau. Glisse et noue un morceau de ficelle dans chacun d'eux. Attache l'autre extrémité à une brochette.

Pour animer ton chien, agite doucement les brochettes !

Labyrinthe infernal

Matériel *• couvercle de boîte à chaussures • carton fin • rouleau de papier toilette • • 2 tubes en carton • 3 piques apéritif • papiers de couleur • peinture et pinceaux • • colle • ciseaux • bille • règle •*

1. Découpe des bandes de carton de différentes longueurs et de la hauteur du bord du couvercle. Prévois aussi des portes.

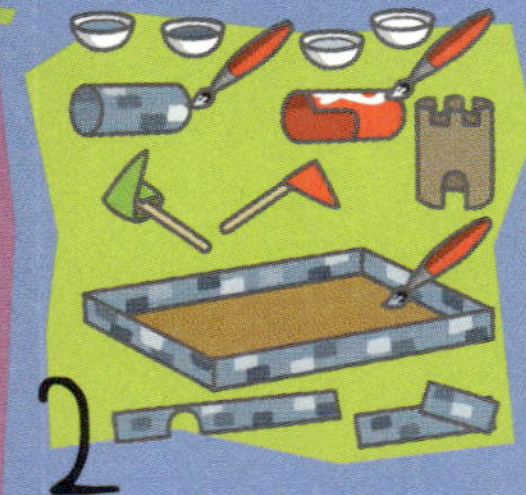

2. Fabrique 2 tunnels et une tour avec les tubes et le rouleau. Décore-les. Peins le couvercle et les bandes. Fabrique aussi 2 drapeaux.

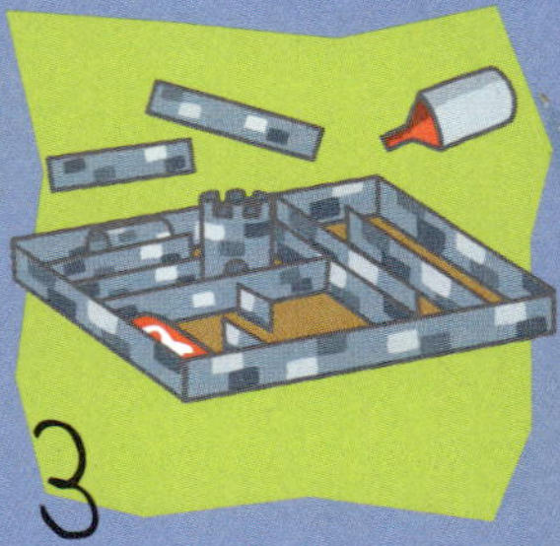

3. Colle tous les éléments dans le couvercle en vérifiant que la bille pourra passer partout.

4. Perce un trou pour créer un piège et peins une cible autour.

La roulette

Dans du papier vert, découpe 4 carrés de 4 cm de côté. Plie-les en deux. Colle-les en emprisonnant un pique au centre. Fais 2 encoches dans les parois pour y glisser la roulette.

Place la bille au niveau du drapeau vert. Incline le plateau pour faire circuler la bille entre les murs, jusqu'au drapeau rouge. Attention aux pièges !

Décorations de Noël

Matériel *• papiers de couleur et à motifs (scrapbooking, origami...) • cartonnette • • petites attaches parisiennes • ciseaux • règle • colle • ficelle métallisée • crayon •*

Boule

1
Découpe 13 bandes de 15 x 1 cm dans des papiers.

2
Assemble les bandes en fixant 2 attaches parisiennes à chaque extrémité.

Étoiles

1
Reporte le patron sur la cartonnette. Découpe. Recouvre l'étoile de papier.

2
Dans du papier de couleur, découpe 3 fleurs de tailles variées. Colle-les au centre de l'étoile en les superposant.

Le patron des étoiles se trouve sur la feuille de patrons détachable.

Cercles suspendus

Découpe 7 bandes de 1,5 cm de large et de longueurs croissantes. Colle les extrémités pour former des cercles. Colle les cercles ensemble.

Attache un morceau de ficelle pour suspendre tes décorations. Pour l'étoile, demande à un adulte de percer un petit trou.

Perles en papier

Matériel *• feuilles blanches A4 • brochette en bois • magazines • perles en bois • • colle • ficelle • peinture et pinceaux • ciseaux • règles •*

Perles

1

Dans la longueur d'une feuille, découpe des bandes de papier, de 2 cm de largeur.

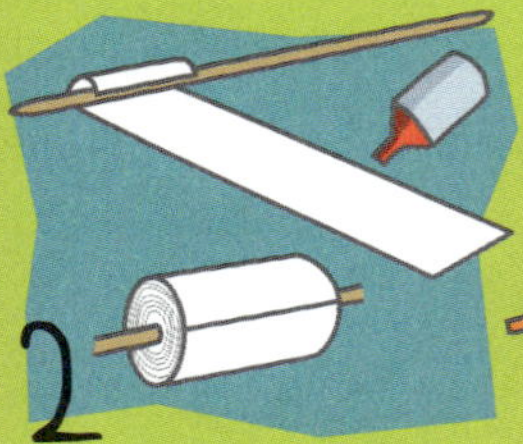

2

Encolle la bande et enroule-la autour de la brochette. Laisse sécher avant de retirer la brochette. Pour obtenir une plus grosse perle, enroule plusieurs bandes, les unes sur les autres.

3

Dans les magazines, découpe des rectangles de motifs de 2 x 4 cm. Colle-les sur les perles. Tu peux aussi les peindre.

Pantin

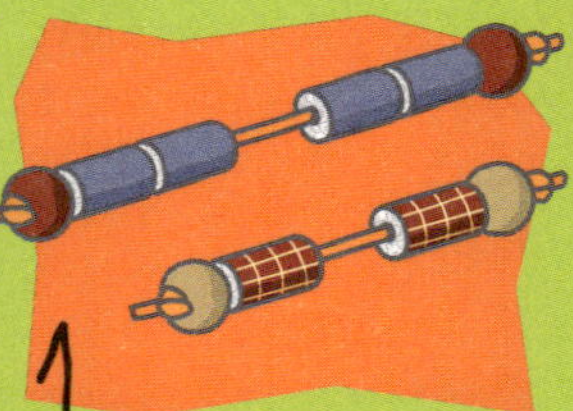

1

Pour les jambes, enfile 2 perles en bois et 4 perles en papier sur de la ficelle. Pour les bras, enfile 2 perles en bois et 2 perles en papier.

2

Plie en deux un brin de 30 cm. Noue-le entre les 2 jambes. Enfile 1 perle en papier pour le corps. Fais un nœud entre les bras. Enfile la tête. Termine par un nœud.

Avec tes perles de papier, tu peux aussi créer des colliers, des bracelets, ou des grigris.

Bricolo-récup

139

Les secrets pour tout réussir

La récup

La vie de tous les jours offre plein de trésors à détourner pour fabriquer des merveilles !

• Garde les emballages en carton et en plastique : boîtes de céréales, briques de lait, bouteilles d'eau ou de jus de fruits, tubes de dentifrice, pots de yaourt, etc.

• Conserve aussi la mousse de protection des colis, le polystyrène, les boîtes de fromages, quelques bouchons. . .

• Fouine dans la maison avec l'autorisation de ton papa ou de ta maman pour trouver d'autres objets à détourner : des éponges, de la ficelle, un peu de fil de fer, des cure-dents, des chutes de tissus. . .

Autre matériel

Pour faire des têtes ou des yeux à tes personnages ou à tes animaux en récup, prévois des boules de cotillon, quelques perles ou encore des yeux mobiles.

Petits conseils

Protège la table avec une toile cirée. Enfile un tablier ou des vêtements usagés.

Lave les emballages qui ont contenu des aliments et laisse-les sécher. Pour que la colle et la peinture adhèrent mieux, frotte les emballages en plastique ou en carton plastifié avec du papier de verre fin.

Les collages

Utilise de la colle blanche (vinylique rapide) vendue en petit bidon. Laisse-la bien sécher avant de manipuler ta réalisation.

La peinture

Choisis de la peinture acrylique, plus couvrante que la gouache. Sers-toi d'une assiette en carton en guise de palette. Pour unifier les emballages, passe une première couche de peinture blanche avant les autres couleurs. Après utilisation, lave tes pinceaux à l'eau savonneuse.

La bruine : trempe une vieille brosse à dents dans de la peinture bien diluée, puis gratte-la au-dessus de l'objet pour obtenir une pluie de peinture.

Pour éviter qu'elles roulent, peins les perles et les boules de cotillon sur une brochette ou le manche d'un pinceau. Laisse-les sécher dans un verre.

Chiens lunaires

Matériel *• grosses éponges • boules de cotillon • perles en bois blanches • • cure-dents • ciseaux • peinture • pinceaux • papier aluminium • colle •*

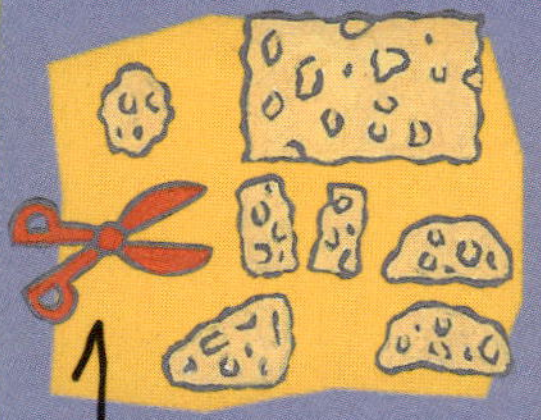

1

Dans une éponge, découpe un grand morceau pour le corps. Recoupe des rectangles ou des carrés pour la tête, les oreilles, les pattes et la queue.

2

Trempe les formes dans de la peinture bien diluée, puis étale-la. Laisse sécher sur du papier aluminium. Peins une boule de cotillon pour le nez.

3

Avec des cure-dents encollés, assemble les pattes et la tête au corps. Colle les oreilles et la queue. Laisse sécher.

4

Colle 2 perles pour les yeux et la boule de cotillon pour le nez. Laisse sécher.

5

Peins des gros pois sur le corps du chien. Pour les pupilles, peins le trou des perles en noir avec un pinceau fin.

Pour allonger les pattes ou la queue, coupe des morceaux de fil de fer avec l'aide d'un adulte. Enfile-les dans de la cordelette. Encolle les extrémités et enfonce-les dans l'éponge.

Chamboule-chats

Matériel *• 6 petites briques de lait à bouchon verseur • papier de verre fin • • peinture • pinceaux • papier de couleur • une paire de chaussettes usées • • chutes de feutrine ou de tissu • ficelle • colle • ciseaux •*

Les chats

1

Enlève les bouchons. Rince les briques et laisse-les sécher. Colle des rectangles de papier sur les trous.

2

Décolle les oreilles. Frotte les briques avec du papier de verre.

3

Peins les briques d'une couleur unie. Laisse sécher. Dessine les rayures et le visage avec un pinceau fin.

4

Pour les moustaches, découpe des bandelettes de papier. Plie-les en accordéon et colle-les de chaque côté du nez.

La souris

Rentre les chaussettes l'une dans l'autre. Colle 6 brins de ficelle pour les moustaches. Dans la feutrine ou le tissu, découpe des oreilles, des yeux, un nez et une queue. Colle-les.

À tour de rôle, les joueurs empilent les chats et lancent la souris pour en renverser le maximum. Que le meilleur gagne !

Moutons frisés

Matériel *• polystyrène • sac en plastique • boules de cotillon de différentes tailles • • cure-dents • colle • chute de feutrine ou de papier de couleur • marqueur noir • • peinture • pinceaux • ciseaux • perles (facultatif) •*

1

Dans un sac en plastique, gratte un morceau de polystyrène pour lui donner la forme d'une boule.

2

Pour les pattes, encolle 4 cure-dents et pique-les dans 4 petites boules de cotillon. Encolle l'extrémité des pattes et enfonce-les dans le corps.

3

Peins les pattes, une boule de cotillon pour la tête et un grain de polystyrène pour le nez. Laisse sécher.

4

Assemble la tête au corps avec un cure-dents encollé. Colle des petits morceaux de polystyrène pour la queue et les frisettes, puis le nez.

5

Colle 2 oreilles découpées dans de la feutrine ou du papier. Dessine des points noirs ou colle des perles pour les yeux.

Pour réaliser un bélier cornu, déforme 2 trombones gainés et plante-les dans la tête.

Joli aquarium

Matériel *• boîte à chaussures • papier épais • carton fin • papier vert • • tubes en plastique • fil de fer fin • papier de verre fin • peinture • pinceaux • • brosse à dents • pinces à linge • ciseaux • colle • yeux mobiles •*

1

Colle des bandes ondulées en papier épais autour de la boîte. Peins-la entièrement. Pulvérise de la peinture avec une brosse à dents à l'intérieur.

2

Découpe des algues et colle-les dans le fond. Décore les 4 coins de l'aquarium avec des petits motifs découpés dans du carton fin puis peints.

3

Pour les poissons, raccourcis les tubes. Rince-les bien. Frotte-les avec le papier de verre.

4

Découpe des queues dans du papier épais. Colle-les en les glissant dans l'ouverture. Ferme les tubes. Maintiens avec des pinces à linge pendant le séchage.

5

Peins les poissons. Décore-les selon ta fantaisie. Laisse-les sécher. Colle des yeux mobiles.

Finitions

Demande à un adulte de percer le haut de l'aquarium et les poissons de part en part. Pour accrocher les poissons, glisse des brins de fil de fer dans les trous et noue-les.

Tu peux utiliser une agrafeuse pour fixer la queue des poissons et fermer les tubes. Si tu n'as pas d'yeux mobiles, colle des gommettes blanches et dessine les pupilles au feutre.

Grenouilles musicales

Matériel ***• 2 pots de yaourt • mousse d'emballage • cordelette ou lacet • • boules de cotillon • graines ou riz • peinture • pinceaux • colle • ciseaux • • chute de feutrine • marqueur noir •***

1

Découpe les pattes dans la mousse. Demande à un adulte de faire 2 trous par pot et de percer les pattes.

2

Coupe 4 morceaux de cordelette. Encolle les extrémités. Enfonce-les dans les trous des pots puis fixe les pattes.

3

Découpe une langue en feutrine. Colle-la sur le pot du dessous. Verse des graines.

4

Colle le deuxième pot, puis 2 boules de cotillon pour les yeux. Laisse sécher.

5

Peins la grenouille en laissant sécher entre les couleurs. Dessine les yeux au marqueur. En avant la musique !

Tu peux remplacer la mousse d'emballage par du carton fin et la feutrine par du papier de couleur.

Pêle-mêle

Matériel • *plateau de chocolats à cases* • *carton* • *photos* • *crayon* • *règle* • *colle* • • *ciseaux* • *peinture* • *pinceaux* •

Découpe un carré ou un rectangle dans le plateau de chocolats. Peins-le et décore-le en laissant sécher entre les couleurs.

Découpe les photos et colle-les dans chaque case.

Retourne le pêle-mêle de photos sur du carton. Reporte 3 fois ses contours. Mesure 2 cm tout autour et trace les traits.

Demande à un adulte de découper les 3 cadres, puis un rectangle de la même taille pour le fond.

Colle les cadres sur le fond en les superposant. Peins-les. Laisse bien sécher. Colle le pêle-mêle au centre.

Colle une attache en toile gommée au dos du pêle-mêle pour le suspendre. Pour le poser, fabrique un pied en collant 3 rectangles de carton les uns sur les autres. Peins-le avant de coller le pêle-mêle dessus.

Drôles de trousses

Matériel *• rouleaux en carton de différentes longueurs • carton fin • • boules de cotillon • bouchon en liège • velcro autocollant • ciseaux • colle • • peinture • pinceaux • agrafeuse •*

1 Pour la tête, raccourcis un rouleau et coupe-le dans la longueur. Agrafe-le en formant un cône. Choisis la longueur du corps.

2 Sur du carton, trace 2 ronds pour fermer la trousse de chaque côté. Dessine les pattes, les oreilles, la queue et le bord du chapeau. Découpe.

3 Demande à un adulte de découper un morceau de bouchon. Colle tous les éléments sur les rouleaux. Laisse bien sécher.

4 Peins ton animal et 3 boules de cotillon pour le museau et les yeux. Laisse sécher. Colle les yeux et le museau.

5 Découpe 2 morceaux de velcro. Colle le côté à boucles des morceaux sur le rebord du corps et le côté piquant en face, dans la tête.

À toi d'inventer d'autres modèles ! Et pourquoi pas une très longue trousse mille-pattes, une sauterelle ou même une voiture ?

Famille Lapins

Matériel *• bouteilles en plastique • ficelle • papier de verre fin • papier épais • • boules de cotillon • carton • scotch • colle ou scotch double-face • brosse à dents • ciseaux •*

1

Vide bien la bouteille puis écrase-la. Scotche 6 brins de ficelle dans le goulot. Encolle le bouchon et revisse-le.

3

Passe une couche de peinture grossièrement en allant dans les plis. Laisse sécher. Repeins en t'appliquant bien.

2

Découpe 2 oreilles de papier et 2 pieds en carton. Pour les coller, ponce la bouteille, appuie bien, puis laisse sécher longtemps.

4

Peins les pieds, le museau et les moustaches, puis 2 boules de cotillon pour les yeux. Laisse sécher.

5

Peins les taches et pulvérise de la peinture diluée à la brosse à dents. Laisse sécher. Colle les yeux.

Pour éviter de salir le museau et les pattes quand tu pulvérises la peinture, emballe-les dans du papier d'aluminium.

Bilboquets gourmands

Matériel *• grands gobelets en carton • carton : ondulé et fin • • papier : épais, vert, absorbant • boules de cotillon • balle de ping-pong • • fil de coton • feutre noir • colle • crayon • peinture • pinceaux •*

1 Dessine : la tête au dos du carton ondulé, les bras et les pieds sur du carton fin, des dents avec des languettes sur du papier. Découpe.

2 Raccourcis le gobelet. Colle les dents en pliant les languettes, la tête et les bras. Colle les pieds l'un sur l'autre.

3 Pour le fruit, recouvre la balle de morceaux de papier absorbant encollé en enfermant l'extrémité d'un fil. Laisse sécher.

4 Peins le fruit, 3 boules de cotillon, les pieds, puis le monstre en laissant sécher entre les couleurs.

5 Colle des feuilles de papier vert sur le fruit. Demande à un adulte de percer le fond du gobelet. Glisse le fil et fais un nœud. Colle les pieds, le nez et les yeux. Dessine les pupilles.

Si tu te sens assez habile, découpe le gobelet en faisant des créneaux pour les dents : tu n'auras plus besoin de les découper dans le papier épais.

Jeu des plongeurs

Matériel ***• plateau à œufs • carton fin • carton ondulé (facultatif) • papier de couleur • • bouchons en liège • boules de cotillon • brosse à dents usagée • peinture • pinceaux • • marqueur noir • stylo correcteur blanc • feutres • règle • crayon • colle • ciseaux •***

La piscine

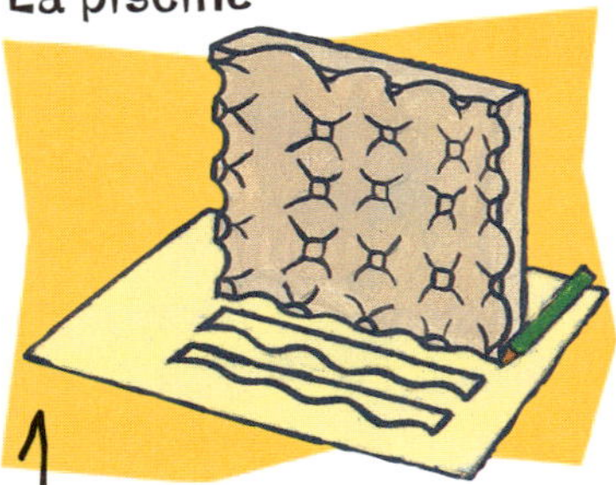

1

150 Sur du carton fin (ou du carton ondulé), dessine des bandes de vagues de la longueur et de la hauteur des côtés du plateau à œufs.

2

Découpe les bandes de vagues. Colle-les autour du plateau. Laisse bien sécher.

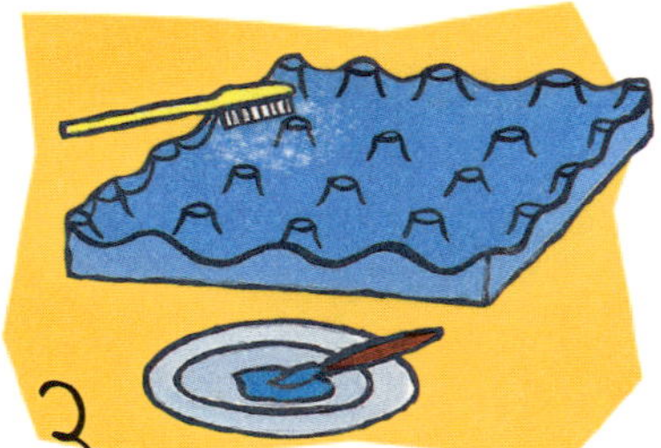

3

Peins la piscine en bleu. Laisse sécher. Avec la brosse à dents, pulvérise de la peinture blanche diluée.

4

Découpe des petits décors en carton fin. Peins-les, laisse-les sécher, puis colle-les tout autour de la piscine.

Qui plongera le mieux et pêchera le plus de bonbons ? Pour réaliser, tous les plongeurs, le plongeoir et connaître la règle du jeu, tourne vite la page !

Jeu des plongeurs

Le plongeoir

1

Découpe une bande de carton de 3 x 15,5 cm. Peins-la. Peins aussi un bouchon. Laisse bien sécher.

2

Colle le bouchon sur l'envers de la bande, à environ 3 cm d'une de ses extrémités. Laisse sécher avant de retourner le plongeoir.

Les plongeurs

1

Colle des boules de cotillon sur des bouchons en liège. Laisse bien sécher. Peins les personnages.

2

Décore les vêtements avec un pinceau fin. Dessine les yeux avec un marqueur noir et un stylo correcteur. Pour les autres détails du visage, utilise des feutres.

3

Colle des bandelettes de papier sur la tête des filles. Plie-les ou enroule-les. Colle une petite bande frangée pour la houppette des garçons.

Règle du jeu

Dans chaque case de la piscine, on dispose des petits bonbons. À tour de rôle, les joueurs font sauter leur plongeur. S'il tombe dans une case remplie de bonbons, le joueur les gagne. Sinon, il passe son tour. Au fur et à mesure, le suspens grandit, car le nombre de cases remplies diminue !

Variante : On peut disposer des morceaux de papier totalisant de 1 à 4 points. Les coups manqués font perdre 1 point. À la fin de la partie, les points de chaque joueur sont additionnés pour définir le vainqueur.

Rois à ressort

Matériel ***• balle de ping-pong • carton fin • carton ondulé ou papier épais • • rouleau en carton • perle • fil de fer fin • ciseaux • peinture • pinceaux • colle • • cure-dents • stylo correcteur blanc • feutres • crayon •***

Dessine une collerette, des mains et des pieds sur du carton fin, puis une petite couronne sur la face lisse du carton ondulé. Découpe.

Demande à un adulte de percer la balle, les pieds, les mains et 4 trous sur le corps. Enroule 4 brins de fil de fer autour d'un crayon.

Peins un rouleau, une balle, une perle et les éléments en carton. Laisse sécher. Peins les pois, les détails des chaussures et de la collerette.

Attache les mains et les pieds à une extrémité des ressorts en tortillant le fil de fer. Accroche l'autre extrémité dans les trous du corps.

Colle la collerette, la tête à l'aide d'un cure-dents, puis la couronne. Dessine les yeux au correcteur blanc, puis les détails du visage aux feutres. Colle le nez.

Pour te raconter plein d'histoires, transforme ton petit roi en marionnette, en fixant un bâton à l'intérieur du rouleau !

Clown malin

Matériel *• 5 à 6 boîtes de fromages rondes de différentes tailles • carton • • crayon • colle • bâtonnet en bois • ciseaux • peinture • pinceaux •*

1

Reporte le contour de chaque partie des boîtes sur du carton. Découpe. Colle les ronds sur les couvercles ou les fonds correspondants pour les fermer.

2

Dans du carton, découpe des bras, un chapeau, des cheveux et des oreilles en ajoutant des petites languettes.

3

Colle les éléments en carton en repliant les languettes. Sur la tête, colle aussi 3 ronds de carton pour les yeux et le nez.

4

Peins toutes les pièces. Laisse bien sécher. Demande à un adulte de percer toutes les pièces du corps de part en part, au centre.

5

Enfile le bâtonnet dans une des boîtes, puis colle les pieds dessous. Fixe la tête sur le haut du corps.

Prépare environ 7 pièces pour le corps, 2 pour les pieds, 1 pour la tête, puis empile-les. Le bâtonnet doit avoir la même mesure que la hauteur du corps, pieds compris.

Animaux coureurs

Matériel • ***petites boîtes en carton (céréales) • papier épais • papier de couleur • • carton • compas • cordelette • brochettes fines en bois • colle • ciseaux • petit bâton • • peinture • pinceaux • règle •***

1

Referme la boîte et recolle-la. Si cela est nécessaire, bouche l'ouverture avec du papier épais.

2

Sur du carton, dessine les différentes parties de la tête d'un animal et sa queue. Trace des cercles : 4 de 5 cm et 4 de 2 cm de diamètre. Découpe tout.

3

Peins les éléments en carton, la boîte et le bâton. Laisse sécher. Avec l'aide d'un adulte, fais 4 petits trous dans la boîte et 1 trou dans chaque roue.

4

Assemble les roues avec des morceaux de brochettes encollés. Colle les petits ronds par-dessus en les enfonçant légèrement.

5

Colle la tête et la queue. Ajoute des moustaches en papier. Fais un trou à l'avant, puis glisse une cordelette encollée. Noue l'autre extrémité sur le bâton.

Enroule la cordelette le plus vite possible autour du bâton pour faire courir ton animal. À deux joueurs ou plus, on peut faire la course en marquant une ligne de départ.

Animaux rigolos

Les secrets pour tout réussir

Matériel

Vive la récup ! Garde des rouleaux en carton (tubes pour posters, rouleaux de papier cadeau et de papier-toilette), du carton d'emballage, la cartonnette des paquets de céréales.

Procure-toi du papier : papier machine ou plus épais (blanc et de couleur), papier cadeau, origami, crépon, récupéré.

Autre matériel

Il te faudra quelques éléments supplémentaires très simples : bouchons en liège, attaches parisiennes, boules de cotillon, bâtonnets de bois…
Pour certaines réalisations, tu auras besoin de morceaux de tourillon, achetés en magasin de bricolage. Si tu ne peux pas t'en procurer, tu peux les remplacer par des bâtons bien droits.

La colle

Utilise de la colle gel sans solvant : elle colle bien tous les matériaux de récupération, le carton, le papier…

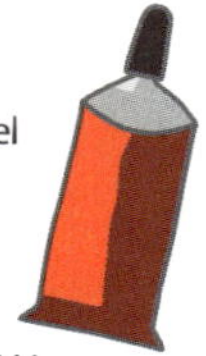

La peinture

Protège le plan de travail. Utilise de préférence de la peinture acrylique, plus couvrante que la gouache. Pour unifier le carton, tu peux commencer par une couche de blanc.
Laisse bien sécher entre chaque couleur ou chaque couche.
Nettoie tes pinceaux à l'eau tiède et au savon.

Comment reporter un patron

Tu trouveras les patrons à la fin du livre pages 254 à 256. Par transparence, reporte-les sur du papier-calque ou du papier blanc très fin.

Découpe le patron et pose-le sur le support choisi. Trace le contour à l'aide d'un crayon à papier. Découpe ensuite la forme.

Sois astucieux !

Essaie de ne pas gâcher de papier ! Découpe toujours au bord de la feuille et utilise des chutes pour les petits éléments.

En t'inspirant des photographies et des patrons du livre, n'hésite pas à dessiner tes propres modèles !

Pour le carton épais ou les rouleaux trop durs, demande à un adulte d'utiliser un cutter.

Pliages

Pour le papier épais, marque d'abord le pli. Utilise la pointe d'une lame de ciseaux et une règle si nécessaire.

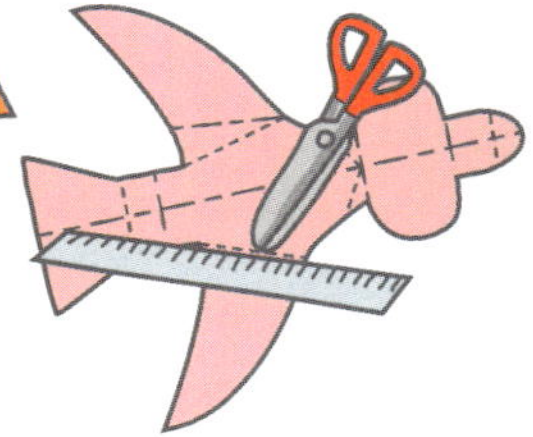

Si tu bricoles souvent, procure-toi un plioir.
C'est un petit outil vendu dans les magasins de loisirs créatifs et parfois au rayon des fournitures scolaires.

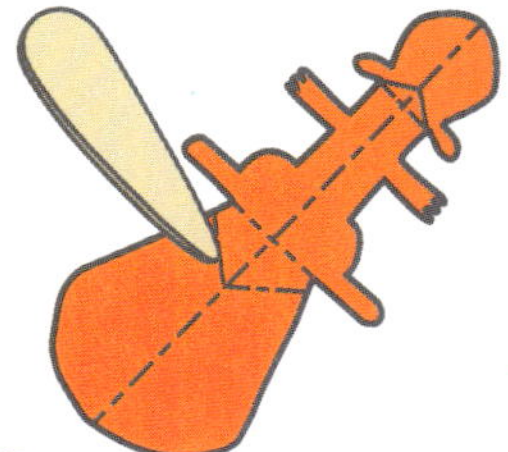

Grenouilles coassant

Matériel *• rouleau de papier-toilette • cartonnette • papier blanc • petits cailloux • 2 boules de cotillon • colle • peinture • pinceau • ciseaux • feutre marron • règle • crayon •*

1

Dans le rouleau, découpe deux hauteurs de 2 et 4 cm. Sur la cartonnette, dessine trois ronds en suivant leur contour. Ajoute des pattes sur l'un d'eux. Découpe.

2

Colle les ronds de chaque côté du petit tube en glissant quelques cailloux. Colle l'autre tube entre les pattes.

3

Découpe deux bandes de papier de 4 x 1 cm. Colles-en une en guise de charnière. Découpe aussi une languette de cartonnette de 1 x 10 cm.

4

Peins la grenouille en commençant par l'intérieur. Peins aussi la bande de papier et l'extrémité de la languette en vert.

5

Colle l'extrémité de la languette sur la tête en l'alignant avec la charnière. Replie la languette. Colle la bande à cheval. Dessine des pupilles sur les boules de cotillon, puis colle-les.

Actionne délicatement la languette pour faire claquer la bouche et bouger les cailloux. Fabrique une grenouille pour chacun de tes amis. Ensemble, vous pourrez donner un véritable concert de coassements !

Picoti et picota

Matériel • *3 bouchons de liège • carton fin • 4 petites attaches parisiennes • peinture • • pinceaux (épais et fin) • colle • ciseaux • crayon • règle • cutter (adulte) • feutre noir •*

1

Demande à un adulte de découper au cutter deux bouchons dans le sens de la hauteur et une rondelle de 1 cm dans le dernier.

2

Découpe des bandes de carton : 2 de 1 x 18 cm et 2 de 1 x 12 cm. Découpe aussi 2 queues, 2 crêtes et 2 becs.

3

Colle l'extrémité d'une des petites bandes, la crête, la queue et le bec de chaque poule en les emprisonnant entre deux moitiés de bouchon.

4

Croise les bandes et perce des trous comme sur le dessin. Fixe des attaches parisiennes dans les trous.

5

Réalise la mangeoire en superposant un rond et un anneau de carton sur la rondelle de bouchon. Colle-la sur la bande supérieure. Laisse bien sécher, puis peins sans ajouter trop d'eau pour ne pas décoller les éléments. Dessine les détails au feutre.

Tire les barrières à droite et à gauche. Les poules picotent à tour de rôle !

Papillons... volent !

Matériel *• papier épais de couleur • papier fin uni ou fantaisie (papier machine de couleur, découpé dans des magazines, cadeau, origami...) • bâtonnets plats • • ciseaux • colle • règle • crayon •*

Les patrons se trouvent à la fin du livre page 254.

1

Plie une feuille et reporte le patron en le plaçant bien sur la pliure. Découpe-le. Dans la hauteur d'une feuille A4, tu peux placer trois papillons.

2

Fais une petite découpe de la largeur d'un bâtonnet à l'endroit indiqué sur le patron. Plie les ailes.

3

Découpe une bande de 2 x 12 cm dans le même papier. Plie-la en deux. Fais une petite découpe comme la première. Plie chaque extrémité à 1 cm.

4

Encolle le corps du papillon et glisse le bâtonnet dans la découpe. Laisse sécher en posant un poids.

5

Glisse le bâtonnet dans la découpe de la bande. Colle les extrémités pliées sous les ailes. Colle des motifs découpés dans du papier fantaisie et ajoute deux grandes antennes à la tête.

Actionne la bande de bas en haut le long du bâtonnet : ton papillon vole !

Écureuils artistes

Matériel ***• gros tube en carton avec bouchon • morceau de tube fin en carton • • papier de différentes couleurs • crayon • ciseaux • colle • feutre • règle • cutter (adulte) •***

1

Plie une feuille en deux, reporte le patron en le plaçant bien sur la pliure. Découpe le contour et fais des franges au bout de la queue. Déplie.

2

Marque les plis du patron avec la pointe d'une paire de ciseaux. Replie la queue vers le dos et la tête vers le devant du corps.

3

Découpe des yeux et un museau. Colle-les et dessine au feutre une bouche et des poils de moustache.

4

Demande à un adulte de découper au cutter environ 12 cm dans le gros tube et 4 cm en biais dans le petit tube. Colle le bouchon du gros tube.

Le patron des écureuils se trouve sur la feuille de patrons détachable.

5

Découpe deux bandes de papier marron aux dimensions des deux tubes et une petite rondelle du diamètre du petit. Dessine les nervures du bois au feutre. Colle les bandes sur les tubes, puis le petit tube sur le grand. Colle la rondelle au bout de la branche, puis les écureuils sur le tronc.

Pour une finition parfaite, peins l'intérieur du gros tube en marron avant de le recouvrir avec le papier.

Chevaux de course

Matériel *• petit carton (litière pour chat, lessive…) • chute de carton épais • • tourillon de 8 mm de diamètre • tube fin en carton • 3 m de ficelle par cheval • crayon • • peinture • pinceaux • papier de différentes couleurs • ciseaux • colle • cutter (adulte) •*

1 Prépare un patron de la forme du cheval en t'inspirant du dessin : il doit être aussi large que la boîte et de 11 cm de haut. Reporte-le sur chaque face.

2 Sur le carton épais, dessine 4 roues à l'aide d'un verre. Sur le reste de la boîte, trace 2 yeux avec une pièce de monnaie, dessine 2 oreilles et 4 bandes de 15 cm.

3 Demande à un adulte de t'aider à découper les éléments, ainsi que 2 morceaux de tourillon 4 cm plus larges que la boîte. Peins l'ensemble.

4 Avec l'aide de l'adulte, fais un trou dans chaque patte et glisses-y les tourillons. Colle les roues avec les bandes, puis les oreilles et les yeux.

5 Dans le papier, découpe les naseaux, l'iris et la pupille des yeux, la crinière et la queue. Colle-les en place. Fais un trou à l'avant du cheval. Glisse l'extrémité de la ficelle et fais un nœud. Attache l'autre extrémité à un morceau de tube en carton.

Chaque joueur place son cheval derrière la ligne de départ, déroule la ficelle et la tend. Au signal, les joueurs rembobinent leur ficelle le plus vite possible. Pas de triche : les ficelles doivent être de même longueur !

Une chouette lampe

Matériel ***• boule japonaise de couleur • papier crépon : 3 couleurs en camaïeu • papier de différentes couleurs • colle • crayon • ciseaux • règle •***

Les patrons se trouvent
à la fin du livre
page 255.

Coupe de grandes bandes de papier crépon d'environ 8 cm de large. Replie chaque bande en accordéon et découpe un arrondi sans aller jusqu'en haut.

Colle les bandes sur la boule en commençant par le bas. Décale les bandes les unes par rapport aux autres en alternant les couleurs.

À l'aide des patrons, découpe 3 ronds pour chaque œil, 3 formes pour chaque toupet puis les pattes et le bec.

Superpose les formes des toupets en collant leur base. Laisse sécher. Découpe des franges dans toutes les épaisseurs en même temps. Plie la base.

Colle les ronds des yeux en les superposant. Colle les yeux, le bec, les pattes et les toupets sur la boule.

Selon la déco de ta chambre, transforme ce modèle, en chat, en chien ou en poisson ! Et si tu ne trouves pas de boule de la couleur que tu souhaites, tu peux la recouvrir de petits morceaux de papier de soie.

Chats animés

Matériel • *Papier épais de différentes couleurs • ciseaux • feutres • colle • règle •*

1

Découpe une bande de papier de 9 x 21 cm. Sur les longueurs, trace des repères à 2, 10, 12 et 20 cm. Marque les plis avec la pointe d'une paire de ciseaux et une règle.

2

Sur la première face, dessine les yeux et la bouche. Découpe-les : commence par une fente en pliant légèrement le papier.

3

En suivant à peu près les hauteurs entre parenthèses, découpe le corps (4 cm), les oreilles (3 cm), la langue (3 cm) et le museau.

4

Mets la tête en forme. Replie la langue et colle-la sur le fond, en face de la bouche. Colle le côté de la tête, les oreilles et le museau.

5

Découpe une carte de 11 x 15 cm dans une feuille pliée en deux. Colle le corps, puis la tête au ras de la pliure. Marque un pli à 2 cm de la pliure et colle le côté de la tête. Dessine des moustaches, des narines, puis trois pupilles en aplatissant la tête à droite puis à gauche.

Sur le même principe, réalise des cartes de différentes tailles. Ajoute une bulle pour écrire un message. Pour gagner du temps pour la tête, tu peux aussi recouvrir une petite boîte en carton dont tu auras recoupé les languettes.

Oiseaux de Paradis

Matériel • *feuilles de papier de couleur • papier fantaisie à motifs de ronds ou feutres • • ciseaux • colle • crayon • trombones • règle •*

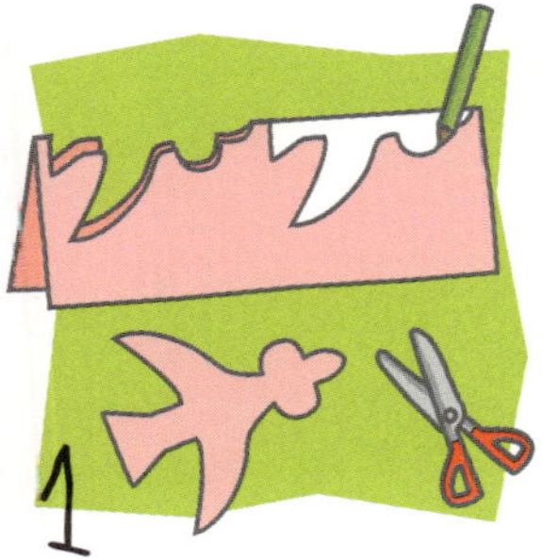

1

Plie une feuille et reporte le patron en le plaçant bien sur la pliure. Découpe-le. Dans la hauteur d'une feuille A4, tu peux placer deux oiseaux.

2

Marque les plis aux endroits indiqués sur le patron avec la pointe d'une paire de ciseaux.

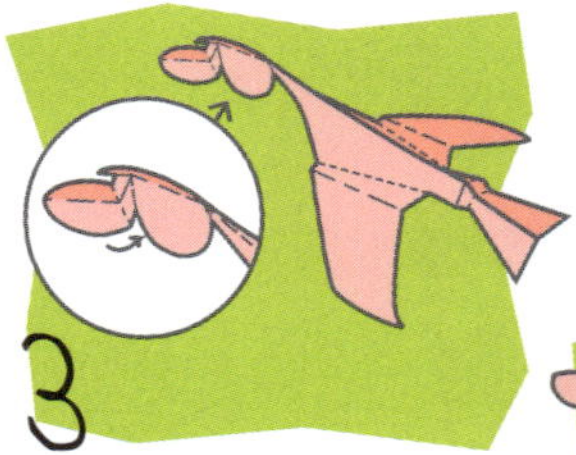

3

Plie le bec, la queue et les ailes en formant un accordéon. Courbe le cou. Aide-toi des légendes du patron pour plier dans le bon sens.

4

Découpe des bandes et des franges. Fais les boucler en les glissant sur une lame des ciseaux ou en les enroulant autour d'un crayon.

Le patron se trouve à la fin du livre page 254.

5

Colle les bandes et les franges derrière la tête, au bout des ailes et de la queue. Sous le corps, fixe un trombone légèrement déplié avec une bande de papier. Ajoute des yeux découpés dans du papier à motifs ou dessine-les.

Fais plein d'oiseaux pour décorer ta chambre ! Avec leur trombone, tu pourras les accrocher partout.

Manchot-culbuto

Matériel *• rouleau de papier-toilette • rouleau fin en carton (rouleau de protège-livres ou de papier cadeau) • 2 piles rondes usagées (type 1,5 V AA) • carton fin • • papier de différentes couleurs • scotch • colle • crayon • ciseaux • règle •*

1

Avec l'aide d'un adulte, découpe un tronçon de 6 cm dans chaque rouleau. Place-les debout sur du carton fin : éloigne-les pour obtenir une hauteur totale de 10 cm. Trace les contours, puis relie-les à la règle.

2

Découpe la forme en carton. Reporte-la sur un autre morceau de carton pour obtenir une seconde forme identique, puis deux fois sur du papier noir.

3

Scotche les piles dans le gros rouleau. Colle les rouleaux entre les deux formes en carton.

4

Découpe une bande de papier noir de la largeur du culbuto et de 26 cm de longueur. Colle-la en enveloppant les rouleaux. Recouvre les côtés. Découpe le ventre, les yeux, le bec, les ailes. Colle-les.

Pour créer un décor polaire, recouvre des boîtes de biscottes et de céréales de papier. Découpes-en une en forme d'iceberg avant de l'habiller de papier.

Famille Tortue

Matériel *• boîtes d'allumettes • papiers dans les tons de vert et marron • • yeux mobiles • crayon • ciseaux • colle • feutre • peinture • pinceau• compas •*

1

Peins l'extérieur d'une grosse boîte d'allumettes et les bords de son tiroir en marron. Laisse sécher.

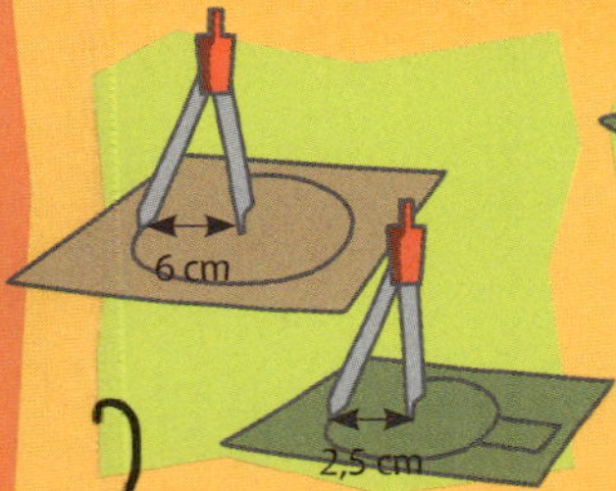

2

Trace un cercle de 6 cm de rayon pour la carapace et un autre de 2,5 cm muni d'une languette pour la tête.

3

Trace un trait en partant du centre de chaque rond. Découpe. Superpose légèrement les bords de chaque fente et colle-les.

4

Découpe des petits ronds. Colle-les sur un second papier en les espaçant. Découpe des ronds plus larges et colle-les sur la carapace.

Les patrons se trouvent à la fin du livre page 256.

5

Reporte le patron des pattes et de la queue. Découpe-les. Colle la languette de la tête et la queue sous le tiroir, les pattes de chaque côté de la boîte et la carapace sur le dessus. Colle les yeux et dessine les narines.

Réalise le bébé de la même manière à partir d'une petite boîte d'allumettes. La carapace mesure 3,5 cm de rayon et la tête 1,5 cm.

Serpent… et crocodile

Matériel *• feuilles de couleur 24 x 32 cm • papier blanc • colle • crayon • feutres • • règle • ciseaux • perforatrice • aiguille à laine •*

Serpent

1

Mesure et découpe une grande bande de papier de 15 x 32 cm. Découpe des fentes face à face, d'abord à 7 cm pour la tête, puis ensuite tous les 5 cm.

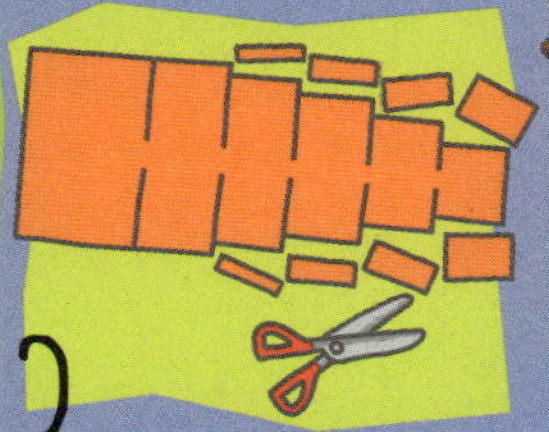

2

Sans toucher aux deux premières bandes de chaque côté, recoupe progressivement les autres.

3

Dessine des écailles au feutre sauf sur la tête.

4

Colle les bandes en vis-à-vis pour former les anneaux. Découpe la bouche, perce des trous pour les narines et ajoute des yeux en papier.

Reporte-toi aux croquis sur la feuille de patrons détachable.

Crocodile

Reporte les indications du croquis sur une feuille. Découpe et plie selon les différentes lignes en pointillés. Trace les écailles à la règle. Mets le crocodile en volume en collant les languettes. Ajoute des pattes, des yeux et des dents.

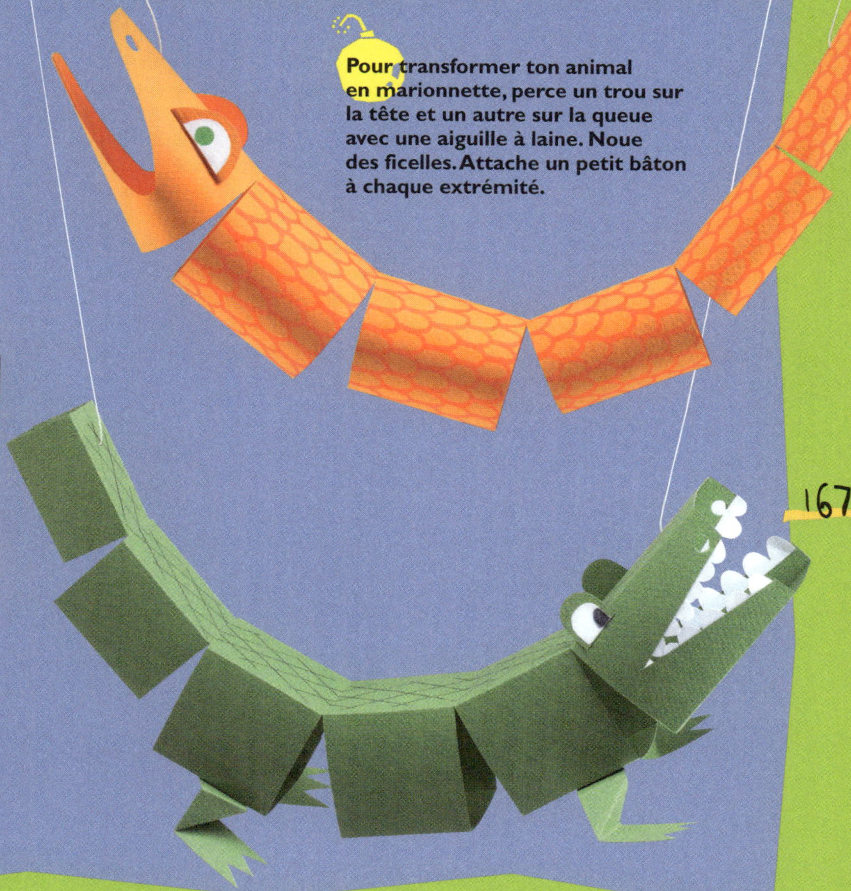

Pour transformer ton animal en marionnette, perce un trou sur la tête et un autre sur la queue avec une aiguille à laine. Noue des ficelles. Attache un petit bâton à chaque extrémité.

Gorille tapageur

Matériel *• pot de yaourt en carton • papier épais rose et noir • peinture noire • • pinceau • 40 cm de ficelle • 2 grosses perles en bois • 15 cm de tube fin en carton • • crayons de couleur ou feutres • ciseaux •*

Les patrons se trouvent à la fin du livre page 254.

Pose le pot de yaourt à l'envers et peins le fond en noir. Laisse sécher.

Encolle le tour du pot et recouvre-le d'un morceau de papier noir. Laisse sécher. Découpe ce qui dépasse, en conservant une languette. Colle-la.

Demande à un adulte de t'aider à percer deux trous en vis-à-vis à 2 cm du haut du corps. Enfiles-y la ficelle. Attache les perles aux extrémités.

Équilibre la longueur des bras et bloque-les par un nœud de chaque côté du corps. Colle le tube à l'intérieur du pot, contre le bord.

À l'aide des patrons, découpe la tête et les pattes dans du papier noir, et le visage, les oreilles, le torse et les mains dans du papier rose. Assemble-les au corps. Ajoute les détails au crayon.

Pour éviter que le tube ne se décolle, renforce l'assemblage avec du scotch épais. Il ne te reste plus qu'à agiter ton singe pour que les perles fassent du bruit en tapant dessus !

Bagarre dans la savane

Matériel • *rouleaux de papier-toilette • boîte de céréales ou de biscottes • • papier vert et marron • peinture • pinceaux • ciseaux • colle • crayon • feutres •*

1

Découpe une moitié de rouleau pour le corps. Trace une ligne. De chaque côté, dessine des pattes et une queue. Découpe en suivant les traits.

2

Choisis un animal et découpe le patron de sa tête. Reporte la tête sur un autre morceau de rouleau. Pour l'éléphant, découpe également deux défenses.

3

Peins la tête et le corps. Utilise une couleur plus foncée pour le dessous. Laisse sécher. Colle les différentes parties de l'animal. Dessine les détails au feutre.

4

Peins une des grandes surfaces de la boîte en jaune. Laisse sécher.

Les patrons se trouvent à la fin du livre page 256.

5

Recouvre les bords de papier marron. Par-dessus, colle une frise d'herbe découpée dans du papier vert. Découpe des troncs et des feuilles de palmiers, assemble-les puis colle-les derrière le décor.

Chaque joueur pose son animal au centre de la « savane ». Au top départ, chacun tambourine avec un ou deux doigts sur le dessus de la boîte jusqu'à faire tomber les animaux adverses. Le dernier animal sur la boîte a gagné !

Toise girafe

Matériel ***• boîte ayant contenu un flacon (sirop, produit pour lentilles de contact…) • • photocopies d'un mètre-ruban • 4 boules de cotillon • papier jaune (50 x 65 cm) et marron (24 x 32 cm) • tourillon de 8 mm de diamètre et de la largeur de la boîte plus 2 cm • colle • ciseaux • scotch • punaises • cutter (adulte) • peinture • pinceaux •***

1

Trace un trait tout autour à 12 cm du bas de la boîte. Dessine une languette sur une face, puis une oreille de chaque côté. Découpe.

3

Peins les boules de cotillon. Colle les détails de la tête. Pour les cornes, enroule deux rectangles de papier (5 x 3 cm). Perce 2 trous sur la languette.

Pour cette réalisation un peu plus longue, et surtout pour les découpes, fais-toi aider par un adulte.

5

Rallonge le cou de 1,30 m environ en scotchant plusieurs bandes. Colle le mètre photocopié en commençant à 32 cm. Glisse le tourillon dans les trous. Passe le haut du cou dans la fente, puis colle-le en l'enroulant autour du tourillon.

2

Recouvre la tête de papier jaune : fais-le dépasser et recoupe-le ensuite. De chaque côté, perce un trou à 3 cm du bord, en le centrant. Découpe une fente au-dessous.

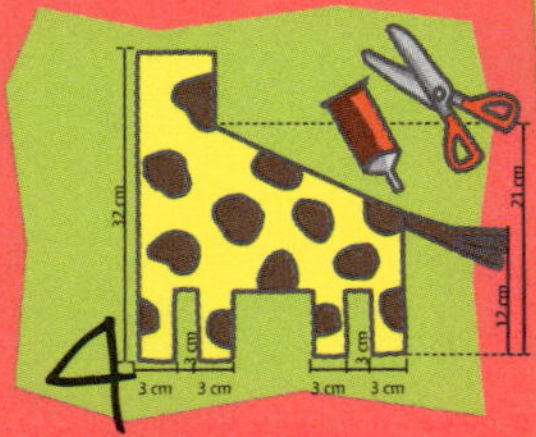

4

Découpe le corps selon le dessin en adaptant la largeur du cou à celle de la fente. Ajoute les détails.

Après séchage, rembobine le cou dans la boîte en tournant le tourillon. Punaise le bas du corps au bas d'un mur, les pattes au sol. Pour mesurer quelqu'un, déroule la bande du cou jusqu'à ce que le menton de la girafe touche le haut de sa tête et punaise la languette au mur.

Mosaïques

Les secrets de la mosaïque

La mosaïque c'est facile !

Réaliser une mosaïque consiste à coller des petits éléments les uns à côté des autres, en laissant un espace entre eux.
Il s'agit généralement de morceaux de terre cuite, de faïence, de pâte de verre ou de vaisselle cassée.
Pour les petits créateurs, le choix se portera sur des matériaux faciles à utiliser et ne présentant aucun danger : graines, papier, feutrine, coquilles d'œufs, végétaux, nouilles, etc.

Comment reporter un patron ?

Tu trouveras les patrons à la fin du livre pages 257 à 259 et sur la feuille de patrons détachable.
Reproduis-le patron de ton choix à l'aide de papier-calque ou de papier blanc très fin.

Découpe le patron. Pose-le sur le support choisi et reporte-le en traçant les contours au crayon.
Tu peux aussi le reproduire directement à l'aide du papier-calque.

Pour découper

Utilise des ciseaux pour les matériaux souples comme le papier, la feutrine ou la mousse, et une perforatrice pour les petits trous. Demande de l'aide à un adulte pour découper les matériaux plus robustes comme le carton.

Pour coller

La colle universelle en tube convient parfaitement à la plupart des collages.

Tu peux aussi utiliser de la colle en bâton. Pour la feutrine ou le tissu, utilise une colle spéciale textile qui ne laissera pas de traces après séchage.

La peinture

Utilise de préférence de la peinture acrylique. Beaucoup plus couvrante que la gouache, elle résiste à l'eau une fois sèche. Lave bien tes pinceaux après utilisation.

La pâte à sel

Il te faut deux verres de farine, un verre de sel, un peu moins d'un verre d'eau et de la peinture acrylique pour colorer.

Dans un saladier, mélange la farine et le sel. Dilue un peu de peinture dans le verre d'eau et ajoute ce mélange au reste.

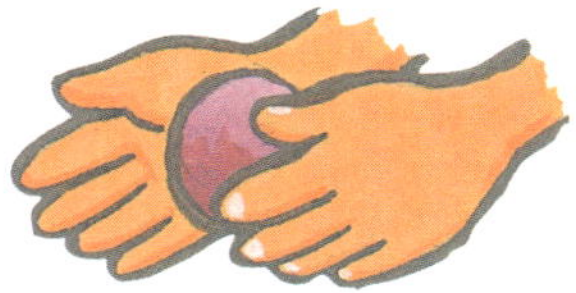

Remue bien, puis pétris la pâte avec les mains jusqu'à ce qu'elle soit souple et lisse. Forme une boule avec.

Si la pâte est trop collante, ajoute un peu de farine et de sel.
Si elle est trop friable, ajoute quelques gouttes d'eau.

Jolies cartes

Matériel *• coquilles d'œufs • papier fort blanc et de couleur • peinture • pinceau • • colle universelle • cure-dents • crayon •*

Les patrons se trouvent à la fin du livre pages 257 et 258.

1

Lave et sèche les coquilles avec soin. Peins l'intérieur en couleur. Laisse sécher. Passe une seconde couche.

2

Reporte le patron du motif choisi sur le papier blanc.

3

Encolle une partie du motif et pose un morceau de coquille dessus. Écrase-le pour qu'il se casse.

4

Écarte les morceaux à l'aide d'un cure-dent pour bien les placer. Rempli ton dessin, couleur par couleur.

5

Trace, puis découpe un rectangle de papier de 12 x 24 cm. Plie-le en deux. Découpe le motif et colle-le dessus.

Tu peux ajouter un œil mobile au poisson.

Drôles de cadres

Matériel *• mousse de différentes couleurs • ciseaux • règle • crayon • colle • • peinture •acrylique • pinceau • carton gris • feutre noir •*

1

Reporte le patron du hérisson sur le carton et demande à un adulte de le découper. Peins-le en jaune et laisse sécher.

2

Pour les piquants, découpe de fins rectangles de mousse et colle-les irrégulièrement. Ajoute un œil en mousse.

3

Demande à un adulte de découper un cadre de 20 x 20 cm dans le carton gris avec une fenêtre de 8 x 8 cm au centre. Peins-le en rose foncé et laisse sécher.

4

Découpe des carrés de mousse de 1,5 x 1,5 cm. Colle-les sur le cadre en alternant les couleurs.

À l'aide de ruban adhésif, fixe ta photo ou ton dessin préféré au dos du cadre.

Le patron du hérisson se trouve à la fin du livre sur la feuille de patrons détachable.

Boîtes à malice

Matériel • ***2 boîtes de fromage • feutrine de différentes couleurs • ciseaux • • crayon • peinture • pinceaux • colle •***

Peins la boîte en vert. Laisse sécher. Passe une deuxième couche.

Encolle au fur et à mesure le dessin du papillon et applique les morceaux de feutrine. Retaille-les si nécessaire.

Reporte le patron du papillon sur la boîte. Découpe des petits morceaux de feutrine de tailles et de formes différentes.

Peins l'autre boîte en jaune. Découpe des carrés de feutrine et colle-les en bandes sur le couvercle. Retaille-les sur les bords.

Les patrons se trouvent à la fin du livre page 257.

Utilise ces boîtes pour cacher tes petits trésors ou pour offrir des cadeaux.

Jeux de transparences

Matériel • *peinture repositionnable pour fenêtre de différentes couleurs* • • *feuille de Rhodoïd* • *pochette plastique* • *ciseaux* • *ruban* • *perforatrice* •

1 À l'aide du flacon, applique la peinture sur la pochette plastique pour réaliser des plaques de couleur. Laisse sécher 24 heures.

2 Découpe les plaques en petits morceaux de tailles et de formes différentes.

3 Trace deux carrés de 12 x 12 cm sur le Rhodoïd. Découpe-les.

4 Pose les morceaux de peinture sur un des Rhodoïd. Commence par les bords, puis pose les cheveux, les yeux, la bouche, le visage et enfin le fond.

5 Pose l'autre Rhodoïd par-dessus. Perce un trou pour y glisser le ruban et finis par un nœud.

En suivant le même procédé, tu peux décorer des vases ou des flacons en verre.

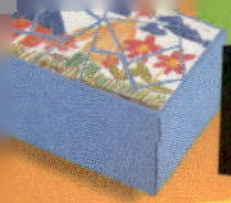

Boîtes à trésors

Matériel ***• boîtes à chaussures • peinture • pinceaux • papier fort blanc • • crayon • crayons de couleur • ciseaux • règle • colle •***

1
Peins la boîte en bleu. Laisse sécher, puis passe une deuxième couche.

2
Trace et découpe un rectangle de papier mesurant 4 cm de moins que le couvercle en longueur et en largeur.

3
Fais un dessin sur ce rectangle et découpe-le comme un puzzle. Positionne les morceaux sur le couvercle en laissant un espace entre chaque. Puis, colle-les.

4
Pour la boîte orange, reporte les patrons des véhicules sur du papier. Colorie-les, découpe-les et colle-les suivant le même principe.

Utilise tes boîtes pour ranger tes photos ou ton matériel de bureau.

Les patrons des véhicules se trouvent à la fin du livre page 258.

Abat-jour

Matériel *• abat-jour blanc en tissu • papier fort de différentes couleurs • • feutre spécial textile (qui s'efface à l'eau) • eau • ciseaux • colle • Coton-Tige (ou pinceau) •*

À l'aide du feutre spécial, réalise directement sur l'abat-jour les contours d'un dessin de ton choix.

Découpe des petits morceaux de papier de tailles et de formes différentes.

Colle les morceaux pour remplir ton dessin. Recoupe-les si nécessaire. Laisse sécher.

Efface les traces de feutre restantes à l'aide de Coton-Tige mouillés.

Invente d'autres dessins. Tu peux aussi utiliser un abat-jour de couleur.

Aquarium au tampon

Matériel ***• papier • crayon • pomme de terre • couteau • assiette • • peinture • gomme •***

1

Sur le papier, trace les contours de ton dessin.

2

Demande à un adulte de découper une pomme de terre en frites.
Dépose de la peinture dans une assiette.

3

Trempe une frite dans la peinture pour faire un tampon. Applique-le sur ton dessin en commençant par les petits motifs.
Utilise une frite par couleur.

4

Termine en peignant le fond. Laisse bien sécher, puis gomme les traits de crayon.

Découpe une carotte pour réaliser des tampons ronds.

Cadres fantaisie

Matériel • *pâte à modeler autodurcissante de différentes couleurs* • • *couteau à bout rond* • *rouleau à pâtisserie* • *2 crayons* • *tournevis cruciforme* • • *capuchon de stylo* • *fourchette* • *brochette en bois* • *ruban* • *ficelle* • *graines* •

1

Étale la pâte en plaque avec un rouleau. Coince-la entre deux crayons afin qu'elle ait la même épaisseur partout.

2

À l'aide d'un couteau, découpe la forme de ton cadre en évidant une fenêtre au centre.

3

Réalise des empreintes sur le cadre avec des objets divers (tournevis, capuchon de stylo, fourchette, etc.).

4

Perce un trou avec la brochette en haut du cadre. Laisse sécher la pâte. Glisse un ruban dans le trou et finis par un nœud.

5

Pour le poussin, ajoute 2 triangles pour les pattes et relie-les au corps avec de la ficelle.

Tu peux aussi enfoncer des graines dans la pâte à modeler encore fraîche.

Anima-graines

Matériel *• pâte à modeler autodurcissante • grains de café • • légumes secs (haricots blancs) •*

1

Modèle un boudin long pour le corps de l'escargot. Ajoute les yeux. Enroule un autre boudin sur lui-même pour la coquille et assemble le tout.

3

Pour le hérisson, modèle une boule en forme de pomme de terre. Forme un petit nez pointu.

2

Plante des grains de café sur la coquille en les enfonçant bien. Laisse sécher la pâte.

4

Plante des grains de café pour les yeux et le nez et des haricots blancs pour les piquants.

Tu peux aussi planter des brindilles en bois pour imiter les piquants du hérisson. Tes animaux feront de ravissants presse-papiers.

Carnets rigolos

Matériel *• carnets • magazines en couleur • colle • ciseaux • crayon • gomme •*

1

Reporte le patron du lézard sur un carnet.

2

Découpe dans des magazines des morceaux de photos ou d'illustrations dans les tons verts.

3

Colle les morceaux pour remplir ton dessin. Recoupe-les si nécessaire.

4

Découpe des yeux. Colle-les. Laisse sécher. Gomme les traits de crayon.

Le patron du lézard se trouve à la fin du livre page 259.

Invente toutes sortes de personnages rigolos comme cette femme-girafe !

Tableautins

Matériel *• papier fort de couleur • crayon • gomme • colle • ciseaux • • feuilles • brindilles • grains de café • pois chiches • morceaux d'écorce • petits galets • • chutes de tissus •*

1

En allant te promener, ramasse des feuilles, des brindilles, des morceaux d'écorce, des petits galets, etc.

2

Réalise un dessin sur une feuille de papier de couleur.

3

Positionne des feuilles, brindilles, graines, etc., pour remplir ton dessin.
Recoupe-les au besoin, puis colle-les.

4

Colle en dernier les éléments du fond comme les galets autour de l'épouvantail.

Tu peux faire sécher des fleurs pour ajouter de la couleur à ton dessin.

Coquillages déco

Matériel *• pâte à sel (voir recette page 172) • pot en verre • petits coquillages • • peinture • soucoupe plate • film étirable • rouleau à pâtisserie •*

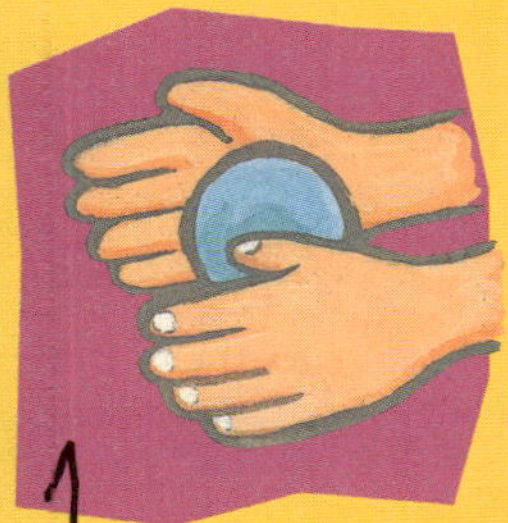

1

Prépare de la pâte à sel bleue. Modèle une boule de la taille d'une pomme.

2

Enfonce le pot dans la pâte. Fais bien remonter la pâte jusqu'aux bords du pot. Enlève ce qui dépasse.

3

Enfonce des coquillages dans la pâte. Recouvre légèrement leurs bords de pâte pour bien les fixer.

4

Pour le médaillon, recouvre une soucoupe de film étirable.

5

Étale une boule de pâte au rouleau et dépose-la sur la soucoupe. Coupe la pâte au ras des bords. Incruste des coquillages dedans.

Laisse sécher tes objets plusieurs jours.

Au bal masqué

Matériel • *boules de cotillon • papier fort de couleur • colle • crayon • gomme • • ciseaux • fil élastique • agrafeuse • couteau à dents •*

1

Reporte le patron du masque sur du papier de couleur : bleu pour le nuage et orange pour le chat. Découpe-le sans oublier les yeux.

2

Demande à un adulte de couper au couteau les boules de cotillon en deux.

3

Agrafe un fil élastique de chaque côté du masque. Fais un nœud à chaque extrémité pour que le fil tienne bien.

4

Colle les demi-boules de cotillon sur ton masque. Pour le chat, commence par le museau et les moustaches.

Si tu ne trouves pas de boules de cotillon aux couleurs de ton choix, tu peux les peindre.

Les patrons des masques se trouvent sur la feuille de patrons détachable et page 259.

Pots « nouilles »

Matériel *• récipients en plastique (bouteille de lait, pot de crème fraîche) •*
• peinture blanche • pinceau • pâtes alimentaires de couleurs et de formes différentes •
• colle universelle • ciseaux •

1

Pour le vase, demande à un adulte de découper une bouteille de lait à mi-hauteur.

186

2

Peins tes récipients en blanc. Laisse sécher. Passe une deuxième couche.

3

Colle les pâtes en alternant les couleurs et les positions. Recoupe-les si nécessaire. Laisse sécher.

Si tu ne trouves pas de pâtes de couleur, peins-les toi-même, sans oublier de les faire sécher avant de les coller.

Pompons

Les secrets pour tout réussir

Comment faire un pompon ?

Choisis la laine : une pelote si tu veux faire plusieurs pompons de la même couleur, autrement des restes.

1 Décalque un anneau de la fin du livre (pages 260 à 264). Tu peux utiliser du papier blanc fin. Découpe ce patron. Évide le centre.

2 Reporte le patron 2 fois sur de la cartonnette (paquets de céréales). Découpe les 2 anneaux.

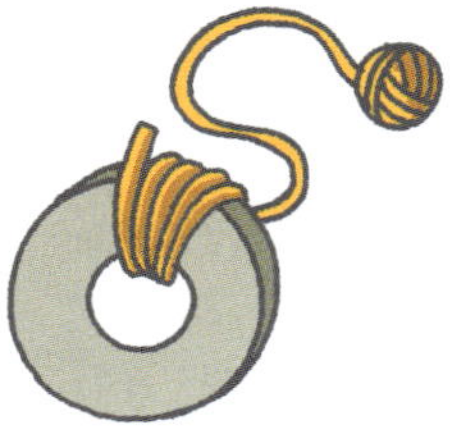

3 Prépare un peloton de laine. Superpose les anneaux et enroule le fil autour. Fais plusieurs tours. Quand le peloton est terminé, refais-en un. Quand le trou devient trop petit, passe le fil avec une aiguille à laine.

4 Quand le trou est comblé, passe la lame des ciseaux entre les 2 anneaux. Coupe la laine tout autour.

5 Glisse un fil de laine entre les deux anneaux. Il doit être assez long, surtout si tu veux faire une attache. Enroule le fil 2 fois. Fais un double-nœud bien serré.

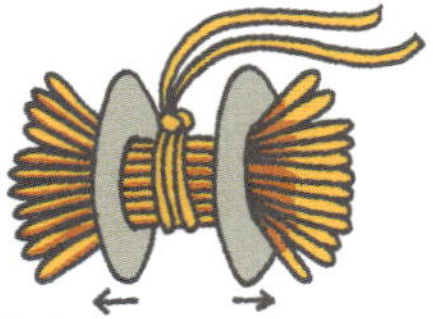

6 Retire les anneaux doucement (ils peuvent resservir). Mets le pompon en forme en le roulant doucement entre tes mains. Recoupe les brins qui dépassent.

Gagne du temps !
Fends les anneaux et enroule la laine de la pelote. Pour finir, scotche la fente et termine avec une aiguille.

Fleur

Enroule de la laine autour d'un rectangle de cartonnette en double-épaisseur de 3 à 6 cm de haut. Retire délicatement le petit écheveau. Attache-le au centre avec un fil assez long. Écarte les boucles.

Pompon plat

Procède comme pour une fleur. Pour finir, recoupe les boucles, égalise et ébouriffe.

Gland

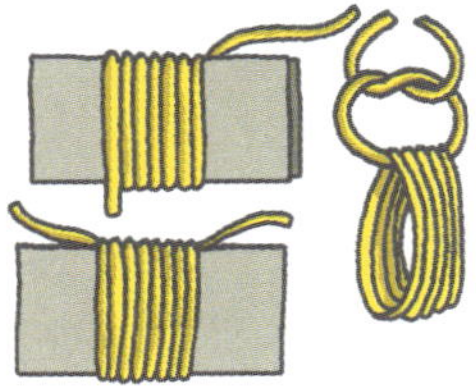

1 Découpe un rectangle de cartonnette double-épaisseur de la hauteur souhaitée. Enroule de la laine selon l'épaisseur que tu désires. Passe un fil sous les boucles du haut. Retire l'écheveau du carton et noue le fil en serrant bien.

2 Enroule un autre fil un peu plus bas. Fais un double nœud. Coupe les boucles du bas et égalise.

Les petits détails

Des perles et des paillettes, des yeux mobiles, un peu de chenille armée, de la feutrine épaisse, des grelots . . .

Pour les collages, utilise de la colle liquide sans solvant. Encolle bien l'élément, écarte légèrement les brins, place l'élément et maintiens quelques instants.

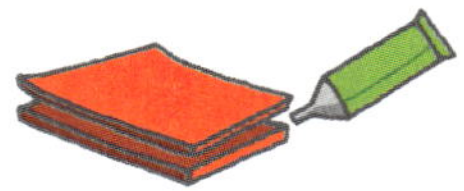

Tu peux coller deux épaisseurs de feutrine fine pour la raidir.

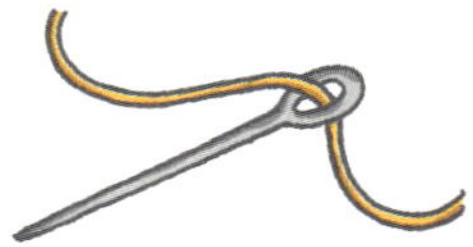

L'aiguille à laine te sera aussi utile pour les assemblages.

Petites bêtes

Matériel • *cartonnette* • *laine jaune ou marron* • *feutrine épaisse de différentes couleurs* • • *yeux mobiles* • *aiguille à tapisserie (poussin)* • *minipompon rose (lapin)* • • *colle liquide sans solvant* • *papier blanc fin* • *crayon* • *ciseaux* •

1

Fais un pompon de 5,5 cm de diamètre et un autre de 6,5 cm, sans recouper les fils d'attache.

2

À l'aide des patrons, découpe les différents éléments de feutrine de l'animal choisi.

Lapin

Attache les pompons l'un à l'autre. Assemble les oreilles et le museau. Colle-les sur les pompons, puis colle les pattes. Ajoute un minipompon pour la queue, puis les yeux.

Poussin

À l'aide de l'aiguille, passe les fils du gros pompon au milieu des ailes. Attache les pompons l'un à l'autre. Colle le bec et les yeux.

Si la feutrine est trop raide, demande à un adulte d'entailler légèrement le bec du poussin pour lui donner une jolie forme.

Les patrons se trouvent à la fin du livre pages 260, 261, 262 et 263.

Monstres de douceur

Matériel *• cartonnette • laine épaisse chinée • feutrine épaisse de différentes couleurs • • chenilles armées • pots de petits-suisses • colle liquide sans solvant • • papier blanc fin • crayon • ciseaux • perles •*

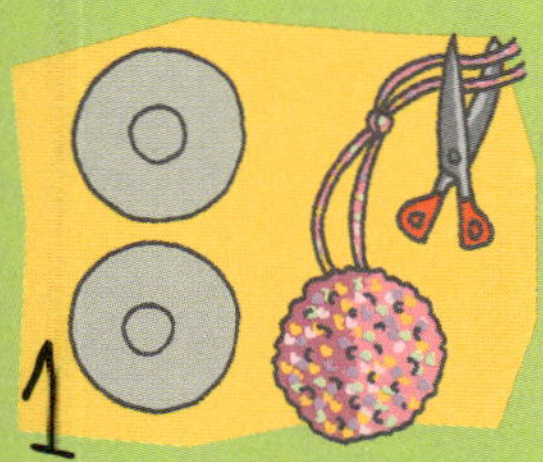

Fais un pompon de 8 cm de diamètre avec un fil d'attache assez long. Noue les 2 brins ensemble à 10 cm du pompon et recoupe-les.

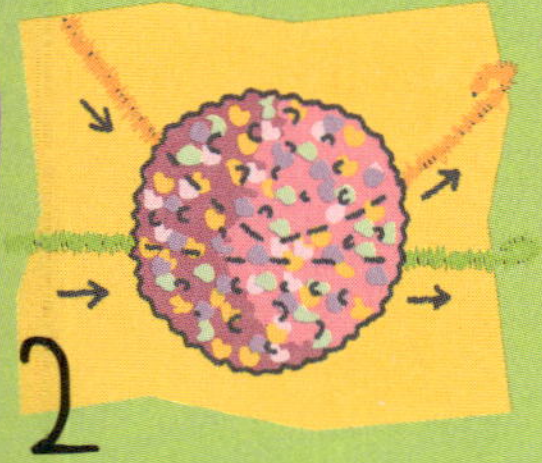

Replie l'extrémité de 2 chenilles de 30 cm. Pour les bras et les antennes, pique-les en passant au centre du pompon.

Vrille les chenilles autour d'un crayon. Pique une perle à l'extrémité des antennes.

Reporte le patron des yeux de ton choix sur la feutrine. Découpe-les. Pour les tout petits ronds, tu peux te servir d'une perforatrice.

Les patrons se trouvent à la fin du livre pages 261-262.

Colle les yeux. Mets en forme un petit morceau de chenille pour la bouche. Colle-la. Fixe un pot de petit-suisse en guise de chapeau.

On replie l'extrémité des chenilles pour éviter qu'elles ne se prennent dans les brins du pompon. Tu peux aussi les passer à l'aide d'une aiguille à laine.

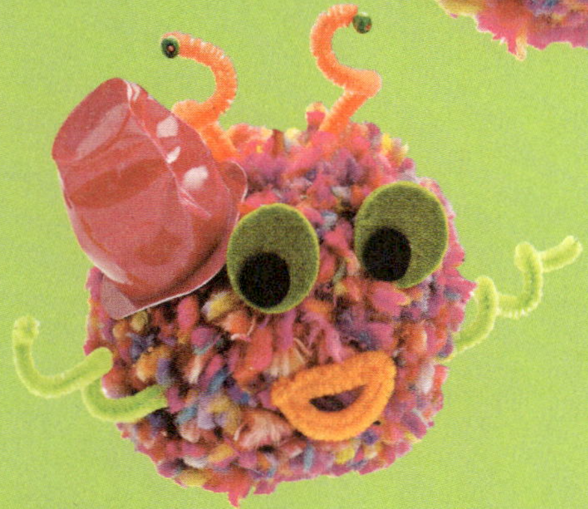

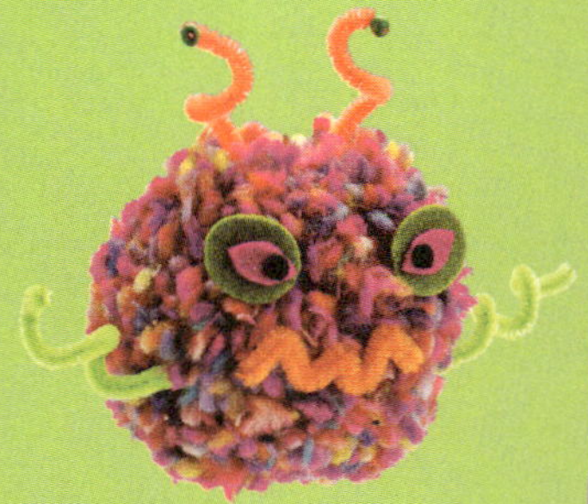

Jolies araignées

Matériel • *cartonnette* • *laine bouclée et brillante noire* • *3 chenilles armées de 30 cm* • • *feutrine orange* • *papier blanc fin* • *crayon* • *ciseaux* • *perforatrice* •

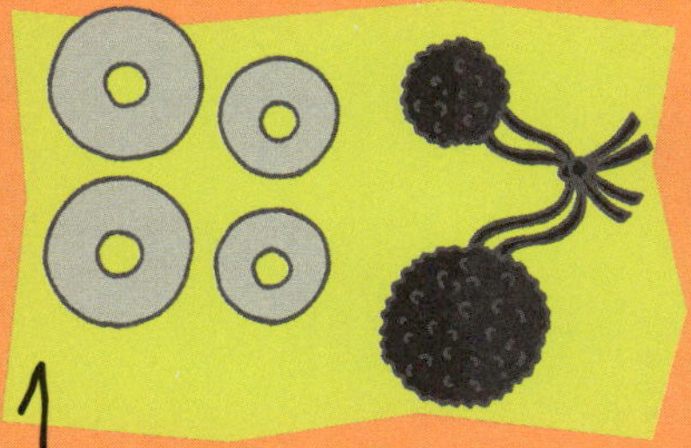

1

Fais un pompon de 4 cm et un de 7 cm. Réunis-les par leurs fils d'attache.

2

Replie l'extrémité des chenilles pour éviter qu'elles ne se prennent dans les brins du pompon. Pique la première au milieu du gros pompon. Pique les 2 autres de part et d'autre.

3

Équilibre les longueurs. Replie les extrémités de chaque chenille pour former les pattes.

4

Découpe les yeux dans la feutrine à l'aide d'une perforatrice et colle-les sur le petit pompon.

Les patrons se trouvent à la fin du livre page 260.

Tu peux remplacer la feutrine par de la mousse en plaque, du papier de couleur ou du papier colorié aux feutres.

Bijoux tout doux

Matériel • *cartonnette • laine turquoise, rose et fuchsia •*
• fil de Lurex rose et turquoise • perles métallisées • crayon • ciseaux • règle •

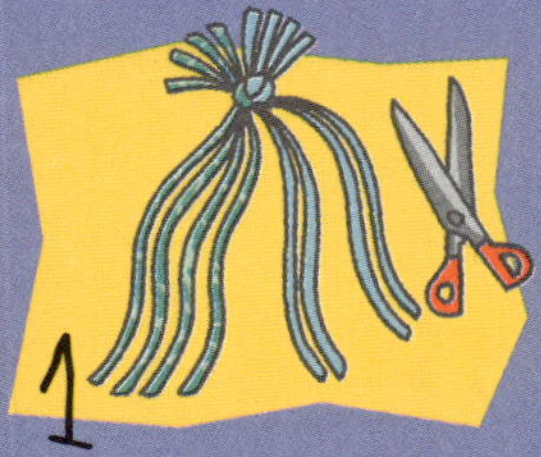

1

Coupe 4 brins de Lurex et 4 brins de laine : 70 cm pour un collier ou 40 cm pour un bracelet. Noue les brins puis sépare-les en trois comme sur le dessin.

2

Pour tresser, croise les brins droits sur ceux du centre, puis les brins gauches sur ceux du centre. Serre au fur et à mesure. Noue les brins et égalise.

3

Découpe un rectangle de cartonnette double-épaisseur : 6 cm de haut pour une grande fleur, 4 cm pour une moyenne, 3 cm pour une petite.

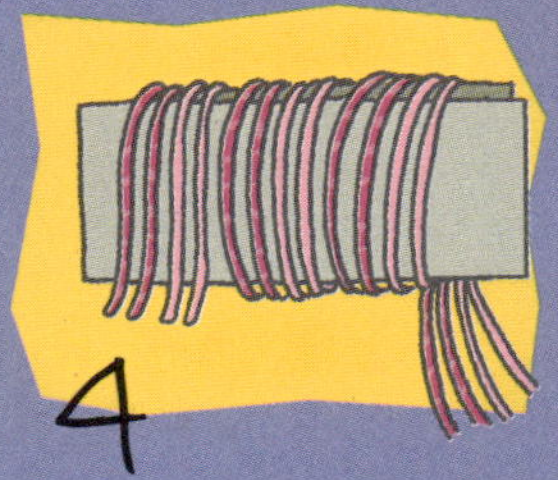

4

Rassemble 1 à 2 fils de laine et 2 fils de Lurex. Fais une fleur en suivant les explications de la page 7. Attache-la avec un fil de Lurex assez long.

5

Place la fleur sur la tresse et attache-les ensemble en enroulant le fil de Lurex plusieurs fois. Fais des nœuds bien serrés au dos. Attache plusieurs fleurs sur la même tresse. Tu peux recouper les fils d'attache ou y enfiler des perles.

Sur le même principe, tu peux faire des guirlandes ou une ceinture…

Mille-pattes

Matériel *• cartonnette • laine : 15 couleurs en dégradé • 4,50 m de cordon de satin rose •*
• 2 boutons à pied violets • 32 perles en bois de différentes couleurs •
• grosse aiguille à laine • papier blanc fin • crayon • ciseaux • règle •

1

Fais un grand pompon de 8 cm pour la tête, 13 moyens de 7 cm pour le corps et un petit de 5,5 cm pour la queue.

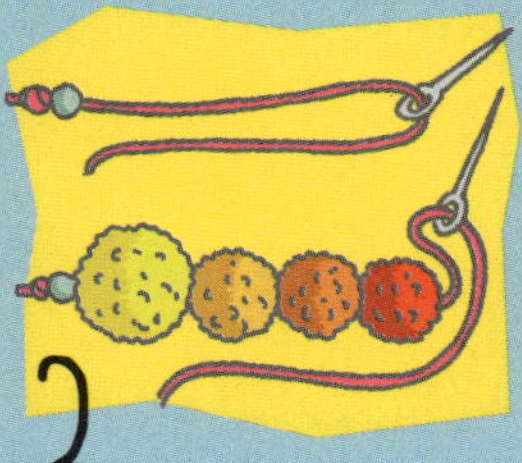

2

Coupe 90 cm de cordon. Fais 2 nœuds et enfile une perle. À l'aide de l'aiguille, enfile ensuite les pompons du plus gros au plus petit.

3

Enfile 3 perles. Serre bien les pompons. Fais 2 nœuds au ras des perles.

4

Pour les pattes, coupe 14 morceaux de cordon de 25 cm. À chaque extrémité, enfile une perle et fais 2 nœuds. Noue chaque morceau entre deux pompons.

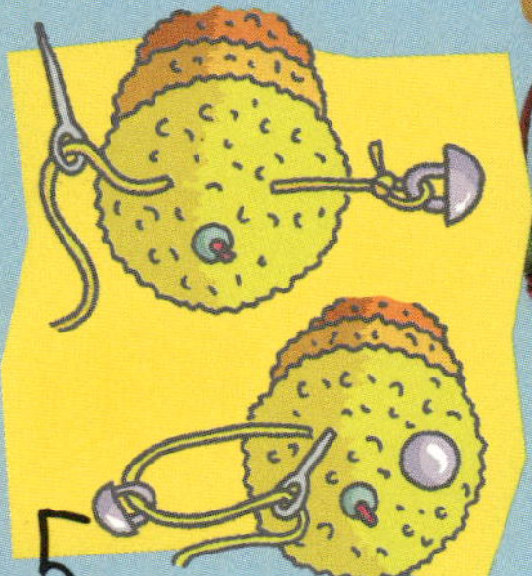

5

Avec une aiguillée de laine de la couleur de la tête, fixe les boutons en piquant dans le centre du pompon. Fais un double-nœud pour arrêter.

Les patrons se trouvent à la fin du livre pages 260-261.

Si tu n'as pas 15 couleurs, cherche un autre rythme selon les laines dont tu disposes. Pour chaque paire de pattes, utilise 2 perles de la même couleur.

Boules de Noël

Matériel *• cartonnette • laine écrue • fil de Lurex de différentes couleurs • • perles métallisées en forme d'étoile ou rondes • papier blanc fin • crayon • ciseaux •*

Pour chaque boule, prépare 2 anneaux de cartonnette de la taille de ton choix.

Enroule le fil de Lurex sur plusieurs tours. Termine le pompon normalement avec la laine écrue.

Boules chinées

Pour obtenir l'effet chiné, il suffit d'enrouler en même temps 1 brin de laine écrue et 2 ou 3 brins de Lurex.

Boules à pois

1

Enroule du fil de Lurex sur environ 1 cm et sur plusieurs tours. Selon le nombre de pois que tu souhaites, recommence à intervalles réguliers.

2

Remplis ensuite les espaces vides en enroulant la laine écrue. Termine le pompon en faisant des tours complets avec la laine écrue.

Pour suspendre les boules, noue les fils d'attache à quelques centimètres du pompon, enfile une perle, refais un nœud, puis un autre 5 cm plus loin.

Les patrons se trouvent à la fin du livre pages 260-261.

Bonhomme de neige

Matériel • *cartonnette • laine épaisse écrue • fil de Lurex : argenté, rouge et vert • • pot de petit-suisse transparent • brochette en bois de 15 cm • feutrine épaisse orange et noire • colle liquide sans solvant • papier blanc fin • crayon • ciseaux • perforatrice •*

1

Avec la laine écrue, fais un pompon de 6,5 cm de diamètre et un de 8 cm. Réunis-les par leurs fils d'attache.

2

Pour le chapeau, enroule du fil de Lurex autour du pot en encollant au fur et à mesure. Arrête bien le fil avec un point de colle.

3

Découpe un long triangle de feutrine pour la carotte et 2 petits ronds à la perforatrice pour les yeux. Colle-les. Fixe le chapeau.

4

Découpe un rectangle de cartonnette de 6,5 cm de haut. Fais un gland en suivant les explications de la page 188. Enfonce-le sur la brochette. Pique le balai dans le bonhomme.

Tu peux remplacer le fil de Lurex par de la laine classique.

Guirlandes brillantes

Matériel *• cartonnette • laine de différentes couleurs • perles métallisées • feutrine • • paillettes • grosse aiguille à laine • crayon • ciseaux • règle • colle liquide sans solvant •*

Torsade

Coupe 2 longueurs de laine de 2,50 m. Plie-les et accroche-les. Tourne les brins dans le même sens. Quand ils s'entortillent, plie-les en deux et noue l'extrémité.

Guirlande orange et verte

Prépare 5 pompons plats de 6 cm. Réalise un pompon rond de 4 cm et attache-le au nœud de la torsade. Enfile quelques perles. Plus loin, attache un pompon plat, noue la torsade pour bloquer les perles suivantes, et ainsi de suite.

Guirlande violette

1

Réalise 4 glands de 6 cm de haut. Accroches-en un au nœud de la torsade. Avec l'aiguille, enfile des perles et les autres glands. Dispose-les régulièrement.

2

À l'aide d'un petit verre, trace 6 ronds sur la feutrine. Découpe-les. Colle-les en emprisonnant la torsade. Colle des paillettes.

Pour arrêter les perles sur la torsade, tu peux mettre un peu de colle à l'endroit voulu et faire glisser les perles dessus.

Pour les explications des glands et des pompons, reporte-toi à la page 188.

Salade de fruits

Matériel • *cartonnette* • *laine de différentes couleurs* • *feutrine épaisse verte* • • *aiguille à laine* • *papier blanc fin* • *crayon* • *ciseaux* •

Les patrons
se trouvent à la fin
du livre page 262.

Pomme

1

Fais un pompon vert de 8 cm avec un gros pois orange en procédant comme pour les boules de la page 194.
Le fil d'attache du pompon doit être vert.

2

Reporte le patron des feuilles sur la feutrine. Découpe-les. Fais 5 ou 6 nœuds avec les fils d'attache. Place les feuilles entre les brins et refais des nœuds.

Poire

1

Fais un pompon jaune de 4,5 cm et un autre de 6,5 cm. Réunis-les par leurs fils d'attache. Recoupe un peu les brins des pompons pour former la poire.

2

Noue un fil vert entre les 2 pompons et ressors chaque brin en haut à l'aide d'une aiguille. Attache les feuilles comme pour la pomme.

Cerises

Fais 2 pompons de 4 cm avec des fils d'attache verts. Noue les 4 brins à environ 5 cm des cerises. Pour les feuilles, procède comme pour la pomme.

Accroche les fruits sur un sac, la fermeture de ton blouson ou sur ton bonnet pour les décorer. Tu peux imaginer une grappe de raisin, en accrochant plein de petits pompons violets.

Charmant serpent

Les patrons se trouvent à la fin du livre page 263.

Matériel *• cartonnette • 6 couleurs de laine en camaïeu • 1 m de cordon de satin • • 2 boutons à pied verts • feutrine fine turquoise • 4 perles en bois • grosse aiguille à laine • • colle liquide sans solvant • papier blanc fin • crayon • ciseaux • grelot •*

1

Reporte le patron de la langue sur la feutrine. Découpe-la. Colle une perle à l'extrémité de la langue. Laisse sécher.

2

Pour la tête, fais 2 pompons de 4 cm de diamètre et assemble-les en nouant leurs fils d'attache.

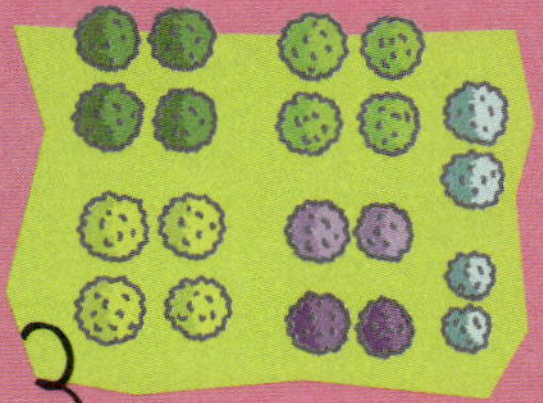

3

Pour le corps, réalise 18 autres pompons de 4 cm en variant les couleurs, puis réalise 2 autres pompons de 3,5 cm pour la queue.

4

Fais 2 nœuds à une extrémité du cordon. Enfile la langue. À l'aide de l'aiguille, enfile les pompons : commence par la tête en piquant dans le nœud.

5

Pour finir, enfile 3 perles en bois et le grelot. Serre bien les pompons et refais 2 nœuds. Fixe les yeux comme pour le mille-pattes.

Si tu as le courage de faire plein de pompons, tu pourras te faire une écharpe !

Drôles d'insectes

Matériel ***• cartonnette • laine de différentes couleurs : unies, chinées ou brillantes • • feutrine épaisse de différentes couleurs • paillettes • yeux mobiles • papier blanc fin • • crayon • ciseaux • aiguille à laine • colle liquide sans solvant •***

1

Fais un pompon de 4 cm pour la tête et un autre de 5 cm pour le corps. Pour les rayures, reporte-toi à la page 194.

2

Réunis les pompons en nouant leurs fils d'attache. Conserves-en 2 assez longs.

3

Choisis une forme d'ailes et reporte le patron sur la feutrine. Découpe-les.

4

À l'aide de l'aiguille, passe chaque brin au travers des ailes. Noue les brins. Pour pouvoir suspendre ton insecte, noue l'extrémité des brins.

Les patrons se trouvent à la fin du livre page 264.

5

Soulève les ailes, dépose un point de colle sur le corps et appuie les ailes fortement. Colle des paillettes sur les ailes et des yeux mobiles sur la tête.

Amuse-toi à combiner des pompons unis, chinés, à rayures ou à pois. Prévois des fils d'attache plus longs et fabrique un mobile.

Madame l'autruche

Matériel *• cartonnette • 6 couleurs de laine en camaïeu • 1 m de cordon de satin rose • • perles en bois : 4 roses, 2 jaunes, 2 oranges • 2 boutons à pied • feutrine épaisse orange • • grosse aiguille à laine • colle liquide sans solvant • papier blanc fin • crayon • ciseaux • règle •*

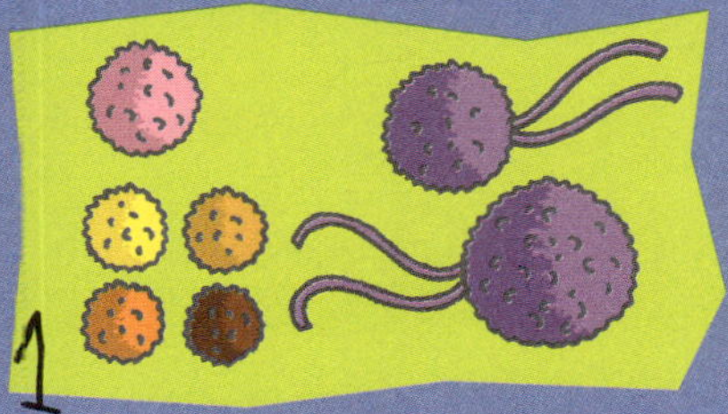

1

Fais un pompon de 6,5 cm de diamètre pour la tête et 4 de 5 cm pour le cou. Pour le corps, fais un pompon de 7 cm de diamètre et un

autre de 10 cm en conservant les fils d'attache.

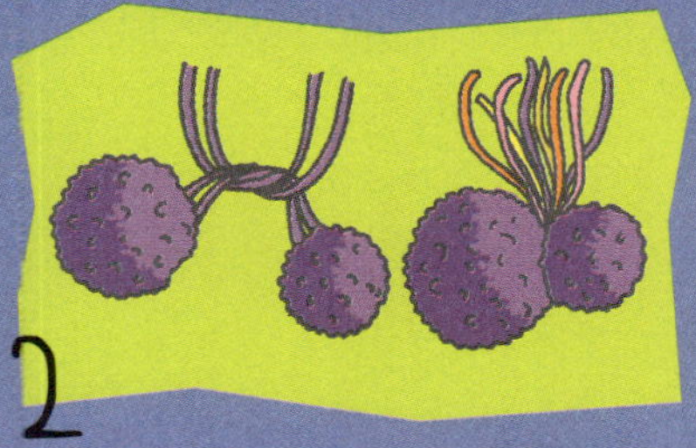

2

Assemble les 2 pompons du corps. Coupe environ 20 brins de laine de 30 cm de toutes les couleurs. Noue-les solidement au milieu avec les fils d'attache. Égalise.

3

Plie le cordon en deux et noue-le pour former une petite boucle. Enfile les 2 brins sur l'aiguille. Passe-la au travers des pompons de la tête et du cou.

4

Passe chaque brin du cordon par le centre du corps et ressors-le sur le côté. Enfile une perle. Serre l'ensemble puis fais 2 nœuds.

5

À l'aide des patrons, découpe le bec et les pattes dans la feutrine. Enfile 3 perles et une patte sur chaque brin. Termine par 2 nœuds.

Finitions : colle le bec puis réalise les yeux comme pour le mille-pattes page 193.

Tu peux aussi coller des yeux mobiles à la place des boutons.

Les patrons se trouvent à la fin du livre page 263.

Marcel Pelote

Matériel • *cartonnette • laine de différentes couleurs • chute de feutrine • • perles • yeux mobiles • colle liquide sans solvant • ciseaux • aiguille à laine • • perforatrice (facultatif) • épingle • règle •*

Le corps

1

Prépare 2 rectangles de cartonnette mise en double de 6 cm et 14 cm de haut.

2

Sur le plus grand rectangle, commence un gland pour les jambes en suivant les explications de la page 188. Attache-le en haut et coupe les boucles en bas.

3

Sépare en deux les brins de l'écheveau et tresse-les en suivant les explications de la page 192. Arrête chaque tresse en nouant un brin de laine d'une autre couleur.

4

Avec le petit rectangle, prépare un écheveau de laine comme pour les jambes et un gland.

5

À l'aide de l'aiguille, passe les fils d'attache des jambes dans le petit écheveau et dans le gland.

La tête

1

Fais un pompon rose de 4 cm de diamètre.

2

Sur le petit rectangle, fais un pompon plat marron en te reportant à la page 188. Enfile les fils d'attache sur l'aiguille et traverse la tête.

3

Égalise les cheveux. Mets un peu de colle pour les maintenir en place. Colle les yeux mobiles et un petit rond de feutrine pour la bouche. Tourne la page pour terminer Marcel Pelote...

Marcel Pelote

Assemblage

1

Noue solidement les brins qui sortent de la tête à ceux du corps. Recoupe ce qui dépasse.

2

Répartis bien les franges du corps, puis enroule un long fil de laine en guise de ceinture sur le lien. Noue au dos.

Bras

1

Coupe 3 brins de laine de 15 cm. Noue-les ensemble à une extrémité et enfile une perle sur les 3 brins.

2

Passe les brins dans le corps à l'aide de l'aiguille. Enfile une perle à l'autre extrémité et noue.

... et sa copine

1

Fais un pompon rose de 4 cm de diamètre pour la tête. Conserve les fils d'attache.

2

Sur un rectangle de cartonnette de 4 cm, réalise 2 pompons plats. Encolle-les et pique-les sur la tête avec une épingle le temps du séchage.

3

Pour la robe, prépare un rectangle de cartonnette mise en double de 8,5 cm de haut. Réalise un gland et 2 écheveaux comme pour le corps de Marcel. Prévois un long fil d'attache pour l'écheveau du bas.

N'oublie surtout pas de retirer les épingles de la tête avant de jouer avec ta poupée.

4

Enfile les éléments les uns sur les autres. Tasse bien. Attache la tête à la robe.

5

Répartis bien les franges de la robe. Noue la ceinture, puis resserre la jupe un peu plus bas. Égalise la hauteur des franges.
Réalise les bras en suivant les explications de Marcel. Colle les yeux mobiles et un petit rond de feutrine pour la bouche.

Pâques

Les secrets pour tout réussir

Vider un œuf

Installe-toi au-dessus d'un bol. Avec une épingle ou une aiguille, perce un petit trou de chaque côté de l'œuf. N'enfonce pas l'aiguille trop fort pour ne pas casser la coquille.

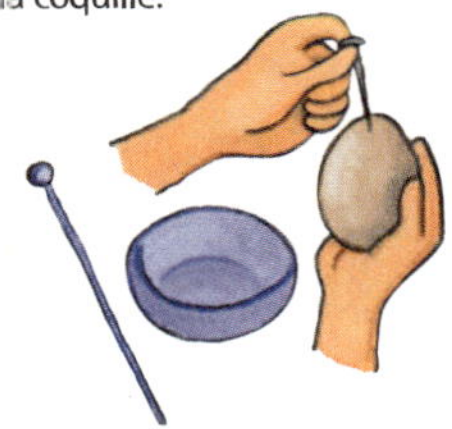

Agrandis le trou en enfonçant une aiguille à tricoter très fine ou une brochette en bois.

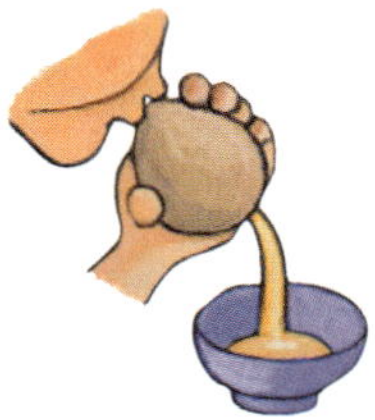

Enlève doucement l'aiguille et souffle assez fort dans un trou pour faire sortir le contenu de l'œuf. Lave la coquille sous l'eau tiède et laisse sécher.

Le papier mâché

Cette technique te permet de fabriquer toutes sortes d'objets à base de papier et de colle car ce mélange durcit en séchant. Dans ce livre nous utiliserons uniquement du papier de soie.

Prépare la colle en mélangeant dans un pot en verre de la colle à papier peint avec de l'eau. Respecte bien les proportions indiquées sur la notice.

Recouvre le support de papier aluminium. Découpe des bandes de papier de 4 x 10 cm environ. Trempe-les dans la colle et applique-les sur le support en les faisant se chevaucher. Superpose plusieurs couches et laisse bien sécher.

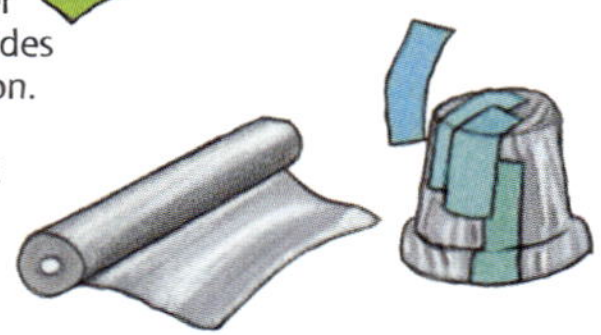

Comment reporter un patron ?

Tu trouveras les patrons à la fin du livre pages 265 à 267. Par transparence, reporte-les sur du papier-calque ou sur du papier blanc très fin.

Découpe le patron, pose-le sur le support et dessine le contour. Retire le patron et découpe en suivant le trait de crayon.

Pour découper

Utilise des ciseaux pour découper le papier, le carton et la mousse et une perforatrice pour les petits trous. Pour les découpes fantaisie, sers-toi de ciseaux cranteurs ou de perforatrices à motifs.

Pour coller

La colle blanche vinylique en bidon te permettra de tout coller. Elle devient transparente en séchant.

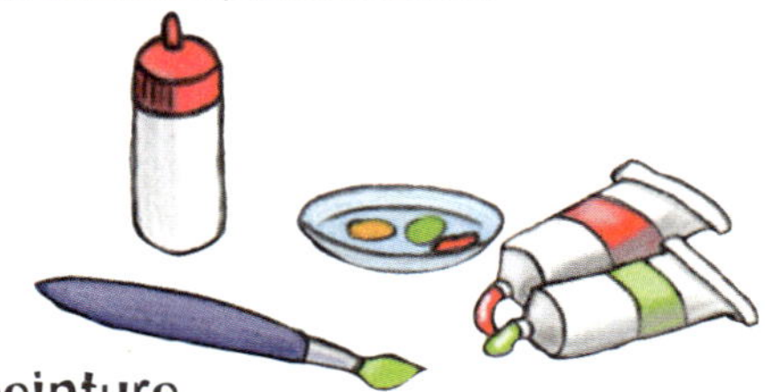

La peinture

Utilise de préférence de la peinture acrylique pour peindre les œufs, le styropor et la pâte à modeler autodurcissante. La gouache conviendra aussi si tu ne la dilues pas trop.

Les œufs d'or

Matériel *• œufs blancs • papier de soie doré • ciseaux et ciseaux fantaisie • • perforatrices à motifs fantaisie • colle à papier mâché (voir page 204) • aiguille à canevas (ou grosse aiguille) •*

1

Vide les œufs et prépare ta colle dans un petit pot (voir page 204).

2

Selon ton matériel, découpe des motifs avec les ciseaux ou avec des perforatrices fantaisie (bandes, pois, cœurs, étoiles, etc.).

3

Avec le doigt, étale un peu de colle sur chaque motif.

4

Dispose tes motifs sur les œufs en les espaçant régulièrement. Laisse bien sécher.

Si tu ne trouves pas d'œufs blancs, tu peux peindre des œufs beiges.

Œufs déguisés

Matériel • *œufs beiges • chenilles • mousse de couleur • colle vinylique • ciseaux • • ciseaux fantaisie • perforatrice • peinture acrylique • pinceau •*

1

Vide les œufs (voir page 204). Peins les yeux en blanc. Tortille une chenille et pique-la dans le trou que tu as percé pour vider l'œuf.

3

Découpe des rayures en mousse aux ciseaux fantaisie et des petits ronds à la perforatrice. Colle-les sur le corps, les doigts et ajoute 2 ronds pour les yeux.

2

Reporte les patrons sur de la mousse. Découpe la largeur du rectangle avec les ciseaux fantaisie et 2 fentes au niveau des traits.

4

Glisse les bras dans les fentes du corps et noue-les par devant. Pose la tête sur le corps.

Décore la table de Pâques avec ces petits personnages. Tu pourras aussi les utiliser comme coquetiers.

Les patrons du corps et des bras se trouvent à la fin du livre page 266-267.

Poissons d'avril

Matériel • *pinces à linge en bois • mousse de couleur • ciseaux •*
• ciseaux fantaisie • colle vinylique • peinture • pinceau •

1

Peins les pinces à linge de différentes couleurs.
Peins les yeux d'une autre couleur
et la bouche en rouge. Laisse sécher.

2

Reporte les patrons des nageoires sur
de la mousse de couleur et découpe-les.

Les patrons se trouvent
à la fin du livre page 266.

3

Colle les nageoires sur le corps des poissons.

Accroche tes poissons dans le dos de quelqu'un en te servant de la pince ou utilise-les pour décorer.

Bougies-animaux

Matériel *• pâte à bougies à modeler de différentes couleurs • mèches à bougies • • brochette en bois ou aiguille à laine • couteau à bout rond •*

Une fois tes bougies terminées, place-les 3 ou 4 heures au réfrigérateur avant de les utiliser car la pâte fond assez vite.

1

Chauffe un peu la cire dans tes mains pour la rendre plus souple et plus facile à modeler.

2

Modèle une grosse boule pour le corps et une plus petite pour la tête. Pour la tête du lapin, déforme la boule en longueur. Enfonce la mèche au centre de la tête avec l'aiguille.

3

Pour les oreilles et les pattes du lapin, modèle 4 boudins. Ajoute une bande sur les oreilles et des boulettes pour le museau, le ventre et les yeux.

4

Pour la crête et la queue de la poule, aplatis 3 petites boules serrées les unes aux autres. Pour les pattes, modèle un triangle et découpe la forme avec un couteau à bout rond.

5

Modèle des cônes pour les becs et la queue du poussin. Ajoute les yeux et les barbillons à la poule.

Cloches de Pâques

Matériel *• papier de soie de couleur • colle à papier mâché (voir page 204) • • pots de fleurs de différentes tailles • papier aluminium • ciseaux •*

1

Enveloppe les pots de fleurs dans du papier aluminium. Pose-les la tête en bas et recouvre-les de 4 couches de bandes de papier de soie trempées dans de la colle.

2

Pour les ailes et la poignée, superpose 3 feuilles de papier de soie enduites de colle. Laisse sécher.

3

Reporte le patron et découpe les formes. Pour la poignée, découpe un rectangle dans les chutes.

4

Fixe les ailes et la poignée à l'aide de petites bandes de papier de soie enduites de colle. Laisse bien sécher et démoule.

Demande à un adulte de percer un petit trou en haut de la cloche pour y accrocher un grelot avec du fil.

Le patron de l'aile se trouve à la fin du livre page 267.

Drôle de magnet !

Matériel ***• une boîte de sardines vide • pâte à modeler autodurcissante • peinture acrylique • pinceau • colle vinylique • 4 aimants •***

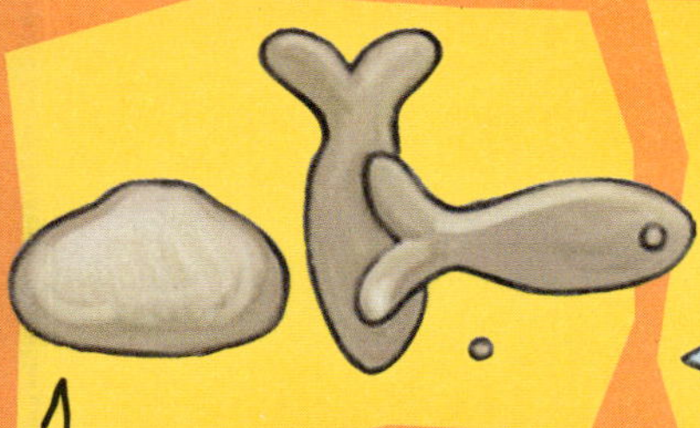

1

Modèle 3 poissons un peu plus petits que la largeur de la boîte. Ajoute une petite boule pour les yeux. Laisse la pâte sécher.

2

Lorsqu'ils sont secs, peins les poissons avec des couleurs vives. Ajoute des petits pois d'une autre couleur. Laisse sécher.

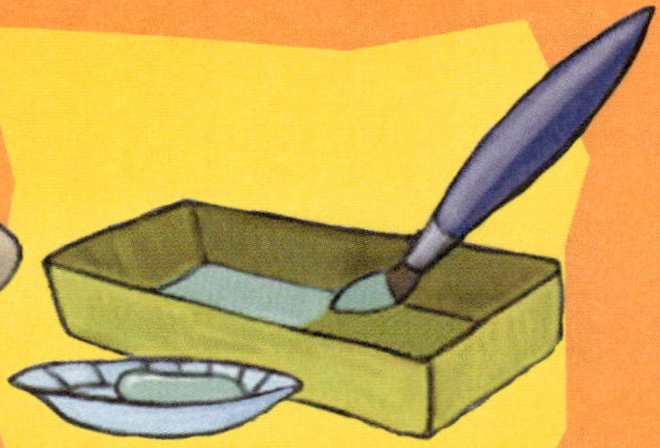

3

Peins le fond de la boîte avec de la peinture non diluée. Laisse sécher.

4

Colle les poissons à l'intérieur de la boîte. Colle les 4 aimants sur le dessous de la boîte.

Tu peux réaliser d'autres poissons et les aimanter pour décorer ton réfrigérateur.

Arbre de Pâques

Matériel *• pâte à modeler autodurcissante blanche • rouleau à pâtisserie • couteau à bout rond • allumettes • peinture acrylique vert et jaune • pinceaux • œufs de Pâques en chocolat • fil de fer fin • ciseaux • crayon •*

1

Étale la pâte à modeler à l'aide du rouleau pour obtenir une plaque.

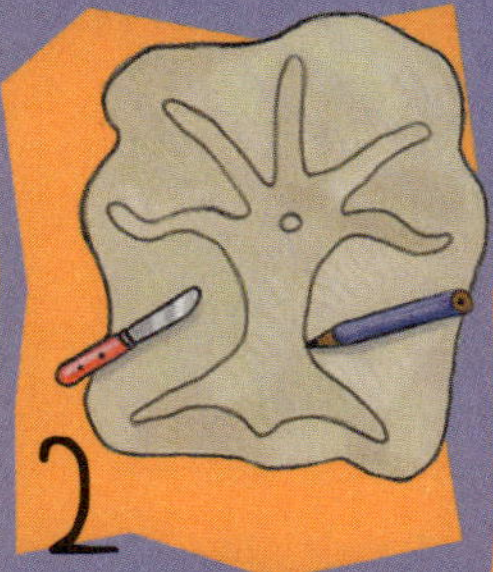

2

Dessine ton arbre avec la pointe d'un crayon et découpe les contours. Fais un trou au centre pour pouvoir le suspendre.

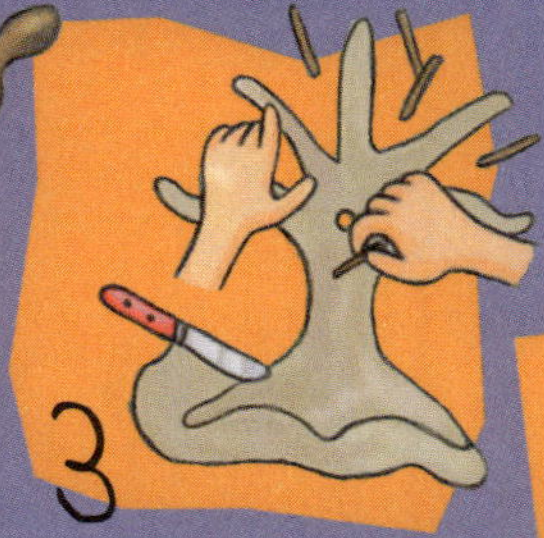

3

Lisse bien les contours au doigt. Pique les allumettes sur les branches en les inclinant. Laisse bien sécher ton arbre.

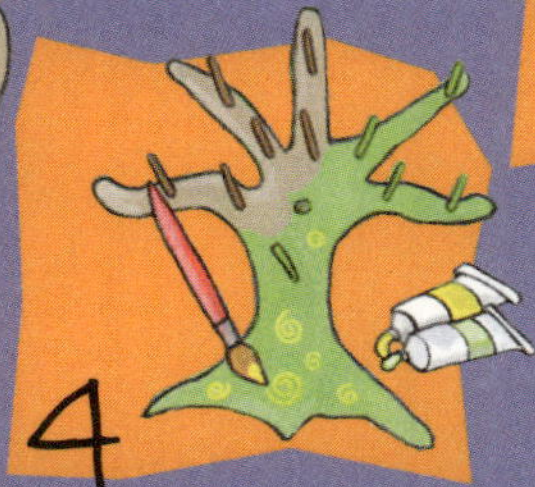

4

Peins l'arbre et les allumettes en vert. Quand le vert est sec, ajoute des petits motifs jaunes.

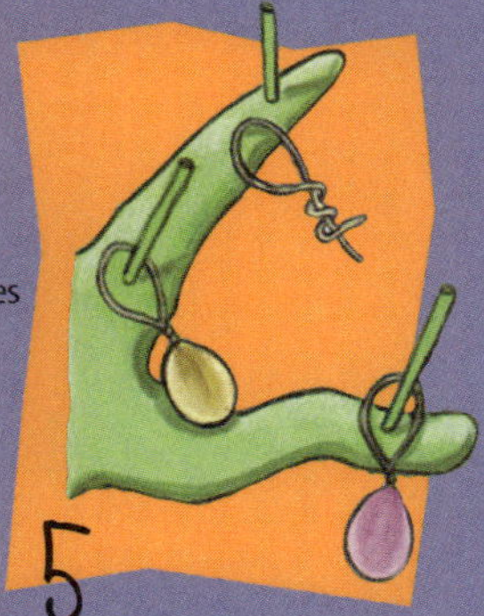

5

Coupe des petits morceaux de fil de fer. Entortille-les en laissant une boucle, pique-les dans les œufs pour les suspendre dans l'arbre.

Tu peux également accrocher dans ton arbre des petits sachets contenant des surprises ou des friandises.

Table de Pâques

Matériel *• œufs en styropor • peinture acrylique • pinceaux • papier fort de couleur • • couteau à bout rond • papier de soie de couleur • colle à papier mâché (voir page 204) • • ciseaux • crayon • colle vynilique •*

Les œufs marque-places

Peins les œufs d'une couleur. Laisse sécher, puis peins les détails.

Reporte les patrons des pattes, des ailes, du bec ou des oreilles sur du papier de couleur et découpe-les.

Colle les pattes sous les œufs et replie les pieds. Colle les becs. Pour les moustaches du lapin, découpe 3 fines bandes et colle-les.

Fends les œufs à l'aide d'un couteau à bout rond à l'emplacement des ailes ou des oreilles. Enfonce les éléments dans les fentes.

Découpe des petits rectangles de couleur pour y écrire le prénom de tes invités.

Les patrons se trouvent à la fin du livre page 265.

Table de Pâques

Les sets de table

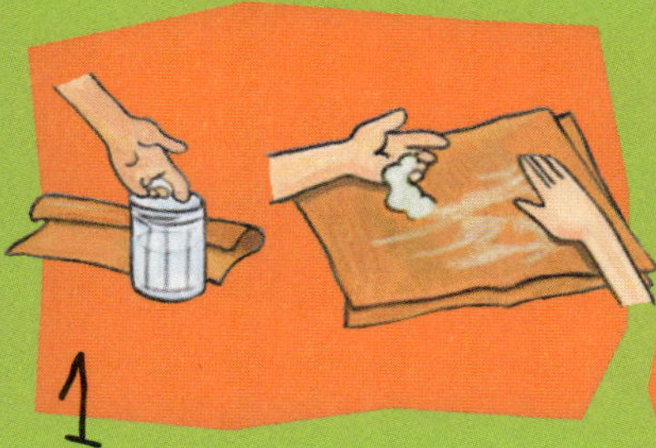

1

Réalise de grandes plaques de papier mâché en superposant 4 feuilles de papier de soie déjà encollées. Suspends-les avec des pinces à linge pour les laisser sécher.

2

Après séchage, demande à un adulte de repasser les feuilles au fer doux pour les aplatir.

3

Trace et découpe une forme d'œuf dans chaque plaque de papier.

4

Reprends les motifs des ailes et des oreilles des marque-places et reporte-les sur les chutes. Découpe les motifs et colle-les sur les sets.

Pose un marque-place sur chaque set de table. Réalise-en autant que d'invités.

La technique du papier mâché est expliquée page 204.

Fontaine à friandises

Matériel *• boîtes à œufs à 4 alvéoles • œufs en styropor • papier fort de couleur • • peinture acrylique • pinceaux • couteau à bout rond • colle vynilique • petits œufs de différentes couleurs • crayon à papier •*

1

Peins les boîtes à œufs d'une couleur différente à l'intérieur et à l'extérieur. Peins les œufs. Laisse bien sécher.

2

Reporte le patron du pétale sur le papier fort et découpe 6 pétales pour chaque œuf.

3

Fends le haut de chaque œuf avec le couteau à bout rond sans trop l'enfoncer.

4

Enfonce les pétales dans les fentes et colle l'œuf au centre de la boîte.

Le patron du pétale se trouve à la fin du livre page 267.

Dispose tes petits œufs dans les alvéoles et décore la table avec tes fontaines.

Jolies cartes

Matériel *• carton ondulé de 3 couleurs • papier de couleur • attaches parisiennes • • ciseaux • perforatrice • colle • crayon à papier •*

1

Découpe 2 rectangles de carton ondulé de 24 x 12 cm, encolle la surface lisse et plie-les en deux. Les cannelures doivent être verticales.

2

À l'aide des patrons, trace et découpe 2 coquilles dans le carton ondulé et 2 poussins dans le papier de couleur. Coupe les coquilles en leur milieu et perfore l'œil des poussins.

Les patrons de la coquille et du poussin se trouvent à la fin du livre pages 265 à 267.

3

Perce un trou dans le haut de la coquille. Colle un poussin au centre de chaque carte puis le bas de la coquille par-dessus. Fixe le haut de la coquille à l'aide d'une attache parisienne.

Pour le carton ondulé, respecte bien le sens des cannelures et reporte toujours les patrons du côté lisse.

Écris ton message sur le poussin et referme l'œuf. Glisse ta carte dans une jolie enveloppe.

Poussin vole !

Matériel ***• pâte à modeler autodurcissante • peinture • pinceaux • plumes de couleur • • chenilles • brochettes en bois • colle vinylique •***

1

Modèle une boule pour le corps, une boule plus petite pour la tête, 2 petites boules pour les yeux et un cône pour le bec.

2

Aplatis légèrement la boule du corps, fixe la tête dessus en lissant bien avec tes doigts mouillés.

3

Fais 3 petits trous à l'arrière pour y fixer les plumes puis, enfonce la brochette dans toute la longueur. Laisse sécher avec la brochette.

4

Peins tous les éléments. Laisse sécher et retire la brochette.

5

Colle le bec et les yeux. Enfonce les 3 plumes dans les trous. Introduis la chenille dans le trou du corps. Replis les extrémités dessous et vrille la boucle.

Pour Pâques, suspends tes oiseaux un peu partout dans la maison avec de la ficelle.

Œufs-ballons

Matériel *• ballons de baudruche • petits cailloux • carton ondulé de couleur • • perforatrices à motifs fantaisie • perforatrice • papier adhésif de couleur (type Vénilia) • • colle vinylique •*

1

Glisse 3 cailloux dans chaque ballon et gonfle-les. Ces cailloux permettront à tes ballons de se maintenir verticalement.

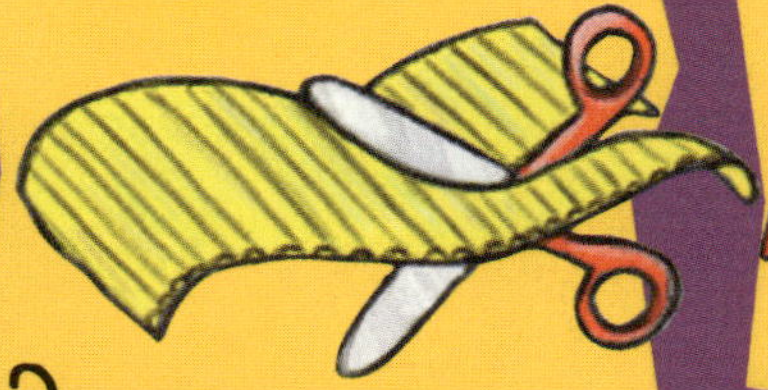

2

Découpe une bande de carton ondulé de 3,5 x 20 cm en plaçant les cannelures verticalement.

3

Replis chaque extrémité vers le centre et colle-les pour former un nœud. Laisse sécher et perfore le centre.

4

Passe le nœud du ballon dans le trou du carton. Découpe des motifs dans le papier adhésif avec les perforatrices fantaisie et colle-les sur les ballons.

Prépare tes ballons au dernier moment car ils se dégonflent assez vite.

Cocottes en papier

Matériel • *feuilles de papier bicolore carrées (papier pour l'origami)* •

1

Plie une feuille carrée en quatre pour marquer les diagonales.

2

Replie 3 côtés vers le centre et le 4e côté sur l'envers.

3

Replie les angles vers le centre.

4

Retourne le pliage. Tout en repliant A vers B, soulève C pour faire sortir la tête.

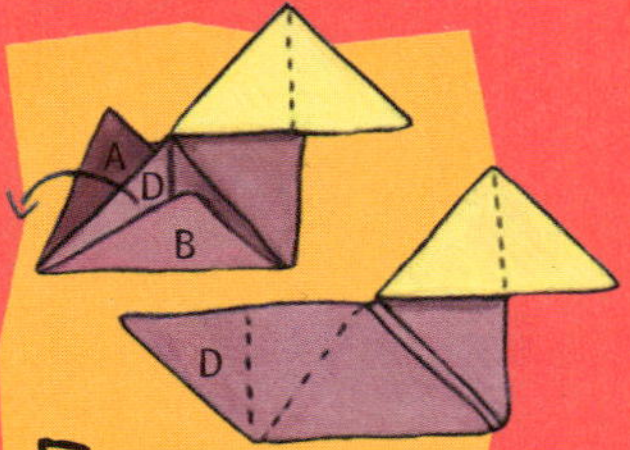

5

Fais sortir la queue en écartant un peu A et B et en tirant sur D.

6

Écarte B et E. Tire sur F et déplie complètement pour faire sortir une patte. Retourne ton pliage et fais de même de l'autre côté. Ta cocotte est terminée.

Si tu n'as pas de papier bicolore, utilise du papier fantaisie comme du papier cadeau.

Noël

Les secrets pour tout réussir

Recette de la pâte à sel

Dans un saladier, mélange deux verres de farine, un verre de sel fin et un verre d'eau. Ajoute l'eau en dernier et progressivement.

Tu peux colorer la pâte avec de la gouache.

Laisse bien sécher les sujets modelés avant de les peindre. Tu peux les poser dans une assiette sur un radiateur, ou demander à un adulte de les cuire très doucement au four.

Pliage rainuré

Pour plier facilement du papier fort, marque le pli avec un stylo bille qui ne fonctionne plus et une règle.

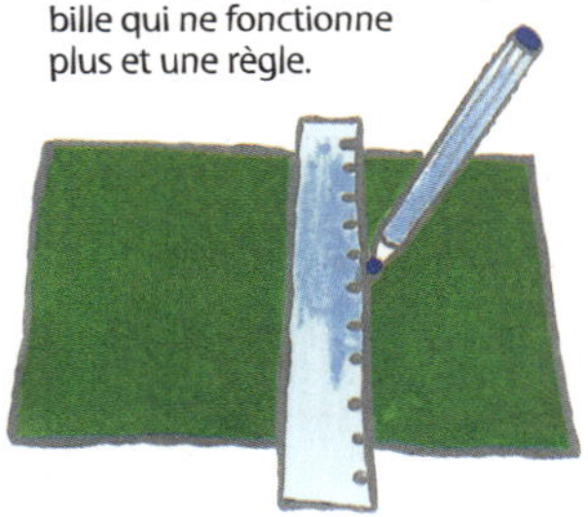

Dessiner un cercle

Pour dessiner un cercle, retourne un verre ou un bol sur une feuille de papier et fais le tour avec un crayon.

Collage de papier de soie

Tu peux recouvrir un objet avec du papier de soie pour le peindre ensuite. Découpe des bandes de papier. Étale de la colle vinylique diluée avec un pinceau et colle les bandes en les faisant se chevaucher.

Tu peux commencer plusieurs objets en même temps pour laisser sécher les couches de papier.

Reproduire un patron

Décalque le patron, découpe-le et pose-le sur le papier ou le tissu. Fais le tour avec un crayon.

Père Noël à surprises

Matériel *• bouteilles de lait en plastique • papier de soie • colle vinylique • gouache • • pinceau • crayon • feutre noir indélébile • yeux mobiles • ciseaux •*

1

Recouvre la bouteille avec deux couches de papier de soie encollées (voir page 220). Laisse bien sécher.

2

Reporte le patron du Père Noël sur la bouteille. Dessine la forme de la hotte. Demande à un adulte de découper le trou en haut de la hotte.

3

Peins le Père Noël en laissant sécher entre chaque couleur. Trace le contour des formes au feutre noir.

4

Colle les yeux mobiles.

Tu peux remplir ton Père Noël de chocolats ou de bonbons.

Les patrons se trouvent à la fin du livre page 270.

Cœurs de sapin

Matériel *• pâte à sel (voir p. 220) • gouache • pinceau • rubans • emporte-pièce cœur • • paille • seringue (ou pipette à médicament) • vernis •*

1

Mélange une portion de pâte avec de la peinture rouge. Ajoute de l'eau (elle sera plus liquide). Divise le reste de pâte en deux. Ajoute de la peinture rose à l'une des moitiés.

2

Étale la pâte rose (ou la blanche) au rouleau. Découpe des cœurs à l'emporte-pièce. Perce un trou avec une paille. Laisse sécher.

3

A l'aide d'une petite cuillère, remplis la seringue de pâte liquide. Décore les cœurs en pressant la seringue. Laisse bien sécher. Vernis.

4

Glisse un ruban dans le trou. Fais un nœud.

Tu peux aussi utiliser des emporte-pièces étoile et sapin pour réaliser d'autres décorations pour ton arbre de Noël.

Sous la neige

Matériel *• pâte à modeler • bocaux étanches en verre (ex : pots de confiture) • • colle forte • paillettes • eau •*

1

Modèle un sujet en pâte à modeler en vérifiant qu'il rentre bien dans le bocal choisi. Modèle un socle pour que le sujet soit un peu surélevé. Assemble le tout.

3

Remplis le bocal d'eau à moitié. Ajoute des paillettes.

2

Demande à un adulte de coller le sujet à l'intérieur du couvercle (la colle époxy est conseillée).

4

Rentre le sujet dans le bocal et visse bien le couvercle. Parfois, il faut rajouter de l'eau.

Agite le bocal et regarde la neige tomber sur les sujets que tu as créés.

Pantins

Matériel • *mousse de différentes couleurs • yeux mobiles • colle forte • ciseaux •*
• crayon • cure-dent • attaches parisiennes • attache à tableau autocollante •

1

Reporte le patron de l'animal choisi sur la mousse. Découpe tous les éléments.

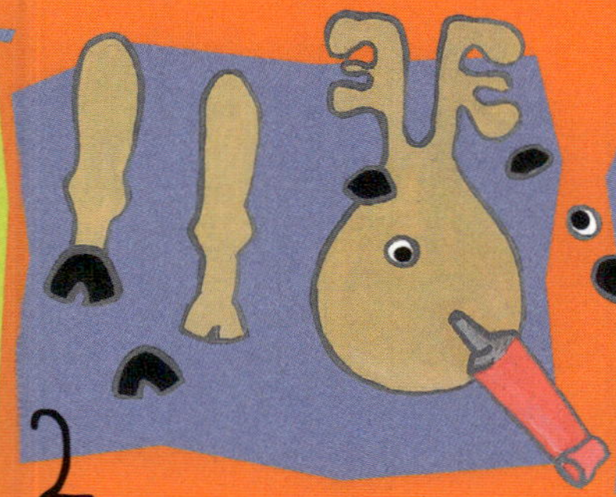

2

Colle la tête sur le corps, les oreilles, les yeux, le nez, l'écharpe et les sabots. Laisse sécher.

3

Perce 4 trous sur le corps et un trou sur chaque membre avec un cure-dent. Assemble l'animal avec des attaches parisiennes.

4

Fixe une attache autocollante au dos de l'animal.

Les patrons des animaux se trouvent à la fin du livre pages 268, 269 et 270.

Si tu n'as pas de mousse, tu peux utiliser du papier fort.

Crèche de Noël

Matériel *• pâte à sel • gouache • pinceau • cure-dent (ou aiguille à tricoter) •*
• rouleau • colle •

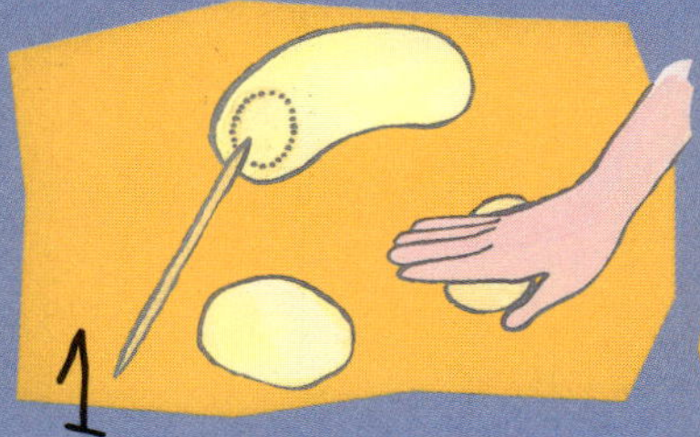

1

Prépare la pâte à sel (voir page 220). Modèle des boules et des boudins pour les corps. Perce des petits trous avec un cure-dent pour les têtes.

2

Modèle des boules et des boudins pour les oreilles, les museaux, etc.

3

Assemble tous les éléments. Perce les yeux des animaux et la laine des moutons avec un cure-dent. Laisse sécher.

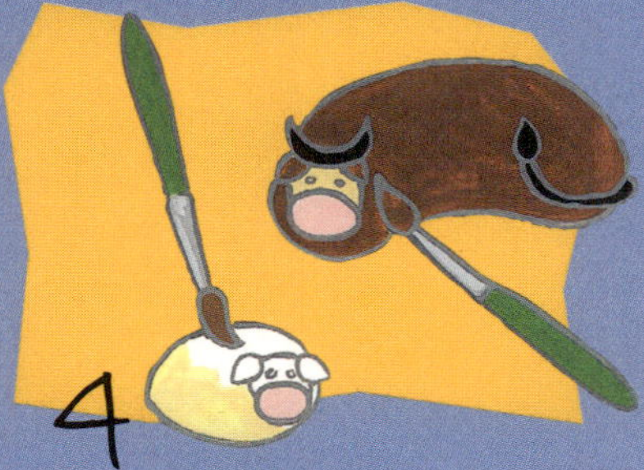

4

Peins les animaux. Laisse bien sécher entre chaque couche.

Tourne vite la page pour réaliser les personnages !

Crèche de Noël

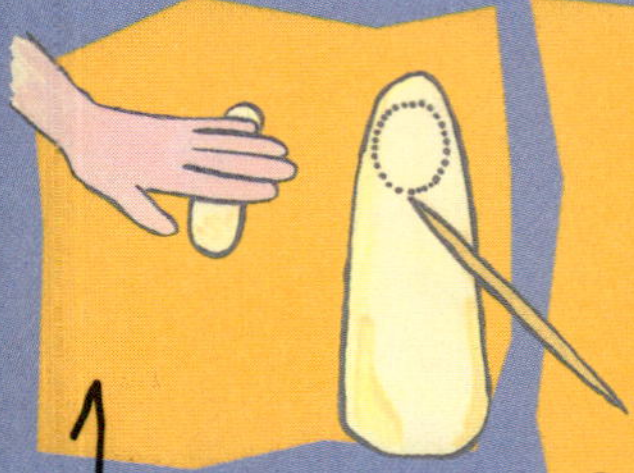

1

Modèle le corps des personnages. Perce des petits trous avec un cure-dent pour le visage, les yeux et la bouche.

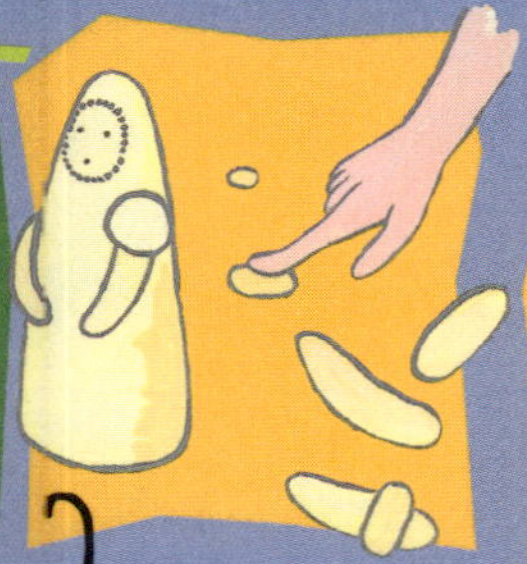

2

Modèle des boudins pour les bras et des boules aplaties pour les revers de manches. Assemble le tout.

3

Modèle des triangles pour les barbes, un boudin fin plié en deux pour la moustache et des boules légèrement aplaties pour les couronnes des Rois mages.

4

Étale un morceau de pâte avec un rouleau pour le voile de Marie.

5

Assemble tous les éléments. Peins les personnages et laisse bien sécher.

Tu peux réaliser une étable en carton pour abriter les personnages.

Marque-places

Matériel • *pinces à linge en bois • boules de cotillon • gouache • pinceau • • crayon • yeux mobiles • papier fort • ciseaux • colle forte •*

Les patrons des mains se trouvent à la fin du livre page 270.

1

Peins la pince en rouge. Laisse sécher.

2

Découpe un rond dans du papier rouge et reporte le patron des mains sur du papier blanc (voir p. 220). Découpe, puis colle les mains sur le rond.

3

Colle le corps du lutin sur la pince à linge. Colle une boule de cotillon pour le nez, colle les yeux mobiles.

Inscris le nom d'un invité sur le ventre de chaque lutin et accroche la pince à sa serviette de table.

Boules de Noël

Matériel ***• boules de polystyrène • brochette en bois • peinture acrylique • • pinceau • colle • papier fort ou métallisé • perforatrice à motif étoile • • épingles à tête de couleur • paillettes •***

1

Pique la boule sur une brochette. Peins-la. Laisse bien sécher. Passe une deuxième couche. Laisse sécher.

2

Réalise des étoiles en papier avec la perforatrice. Pique-les dans la boule avec des épingles. Tu peux ajouter des paillettes.

3

Enlève la brochette. Dépose une goutte de colle dans le trou. Plie un ruban en deux. Enfonce-le dans le trou à l'aide de la brochette.

Tu peux accrocher les boules dans ton sapin, ou les utiliser pour décorer ta maison.

Cartes étoilées

Matériel • *papier fort* • *papier cadeau* • *napperons en papier-dentelle* • • *attaches parisiennes* • *colle* • *règle* • *ciseaux* • *compas* •

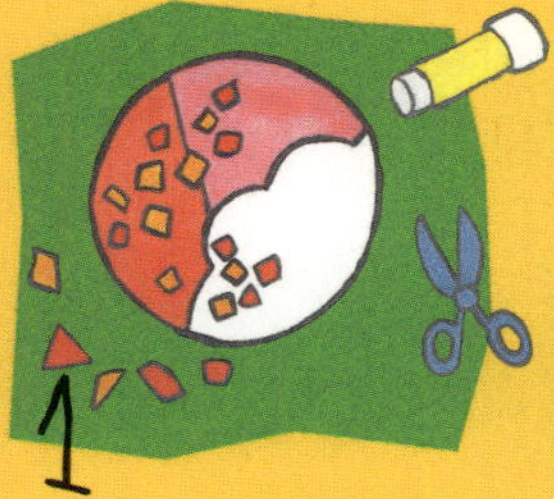

1

Dessine un cercle de 9,5 cm de diamètre sur le papier fort. Découpe-le. Colle dessus des petits morceaux de napperons et papier cadeau.

2

Découpe un rectangle de papier fort de 10,5 x 29,7 cm. Plie-le en trois (le cercle doit tenir au milieu). Déplie.

3

Reporte le patron de l'étoile au centre (voir p. 220). Demande à un adulte d'évider l'étoile.

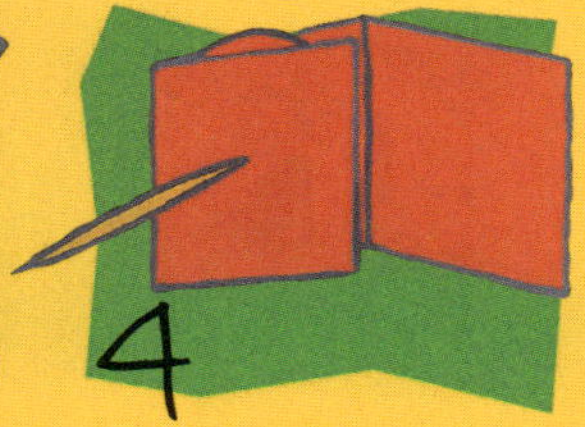

4

Place le cercle au centre de la carte en le laissant dépasser un peu. Rabats un volet.

5

Perce un trou au centre du cercle et dans les deux épaisseurs de la carte. Assemble le tout avec une attache parisienne.

Les patrons des étoiles se trouvent à la fin du livre page 270.

La grande carte se réalise sur le même principe. La carte mesure 14,7 x 42 cm et le diamètre du cercle est de 13 cm.

Chaussettes de Noël

Matériel *• feutrine rouge, verte et blanche • crayon • colle forte • • ciseaux cranteurs • ciseaux •*

1

Sur la feutrine, reporte le patron de l'attache, reporte deux fois celui de la chaussette et du revers et dix fois celui du sapin (voir p. 220). Découpe tous ces éléments.

2

Colle les motifs sur une face de chaque chaussette en débordant. Retaille-les sur les bords.

3

Colle les chaussettes bord à bord en laissant une ouverture sur le haut. Colle l'attache.

4

Colle les revers de chaque côté de la chaussette. Recoupe les bords de la chaussette s'ils sont mal ajustés.

À la place des sapins, tu peux décorer tes chaussettes avec des ronds, des rayures ou des étoiles.

Les patrons se trouvent à la fin du livre page 271.

Joli carillon

Matériel *• 3 petits pots de fleurs • 3 grelots (ou perles en bois) • ficelle • • papier fort blanc • gouache rouge et blanche • pinceau • colle • ciseaux •*

1

Peins les pots en blanc.
Laisse sécher. Passe une deuxième couche.
Laisse sécher.
Peins des motifs rouges.

2

Trace deux ronds à l'aide d'un verre sur le papier fort. Découpe-les. Peins des motifs rouges.

3

Colle les ronds dos-à-dos. Découpe trois fentes de 1 cm au bord.

4

Passe une ficelle dans le trou de chaque pot. Enfile le grelot. Fais un nœud. Noue les trois ficelles ensemble.

5

Coince les ficelles dans les fentes du rond.

Accroche ton carillon dans l'entrée : tu entendras les grelots tinter à chaque courant d'air.

Angelots rigolos

Matériel *• pâte à sel • petits napperons en papier-dentelle • gouache • ficelle •*
• colle • cure-dent (ou aiguille à tricoter) • couteau •

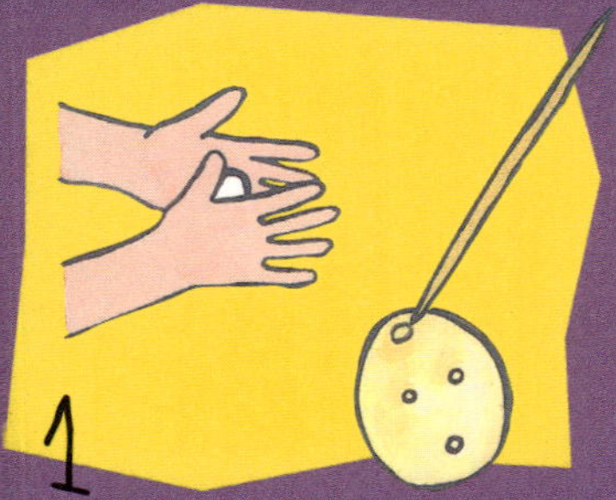

1

Prépare la pâte à sel (voir page 220). Modèle une boule pour la tête. Avec un cure-dent, perce les yeux, la bouche et le sommet de la tête.

2

Ajoute une boulette pour le nez. Fends la boule avec un couteau. Laisse sécher.

3

Peins la tête.

4

Dépose une goutte de colle dans le trou de la tête. Plie une ficelle en deux. Enfonce-la dans le trou avec un cure-dent. Plie un napperon en deux. Glisse-le dans la fente.

Suspends tes angelots dans le sapin, comme s'ils volaient.

Photophores

Matériel *• pots de yaourt en verre • papier fort (Chromolux) • papier vitrail • • colle forte • colle en bâton • ciseaux • crayon • règle • ficelle • perforatrice à motif étoile •*

1

Mesure la hauteur d'un pot de yaourt. Mesure le tour avec une ficelle. Ajoute 1 cm en longueur. Découpe une bande de papier fort d'après ces mesures.

2

Découpe des motifs au bord à la perforatrice.

3

Découpe des carrés de papier vitrail de diverses couleurs et colle-les derrière chaque motif.

4

Enroule la bande de papier sur elle-même et colle les extrémités l'une sur l'autre.

5

Glisse le cylindre sur un pot de yaourt. Demande à un adulte d'ajouter une bougie chauffe-plat et de l'allumer.

Tu peux varier la hauteur de tes photophores. Attention, tu ne dois jamais allumer la bougie tout seul.

Couronne de houx

Matériel *• couronne en polystyrène • feutrine rouge et verte • boules de cotillon • • épingles de couturière • ciseaux •*

1

Découpe une longue bande de feutrine de 2 x 100 cm. Enroule-la autour de la couronne et fixe-la avec des épingles.

3

Épingle des boules de cotillon par-dessus.

2

Reporte 11 fois le patron de la feuille de houx (voir p. 220) sur la feutrine. Découpe les feuilles et fixe-les sur la couronne avec des épingles.

4

Découpe une bande de feutrine. Plie-la en deux. Fixe-la au dos de la couronne.

Accroche ta couronne à la porte d'entrée pour accueillir ta famille.

Le patron de la feuille se trouve à la fin du livre page 271.

Les patrons

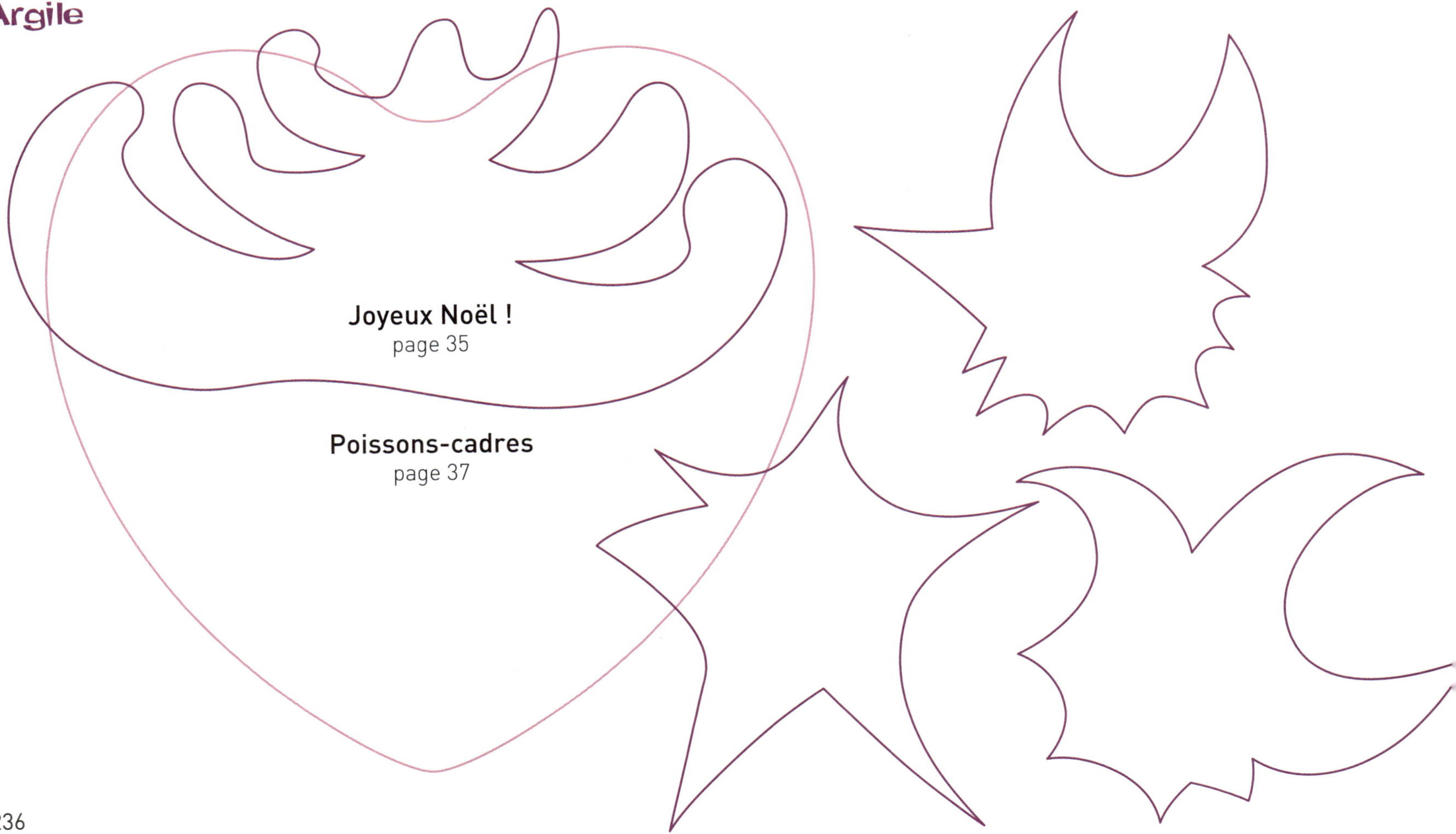
Joyeux Noël !
page 35
Poissons-cadres
page 37

Mousse

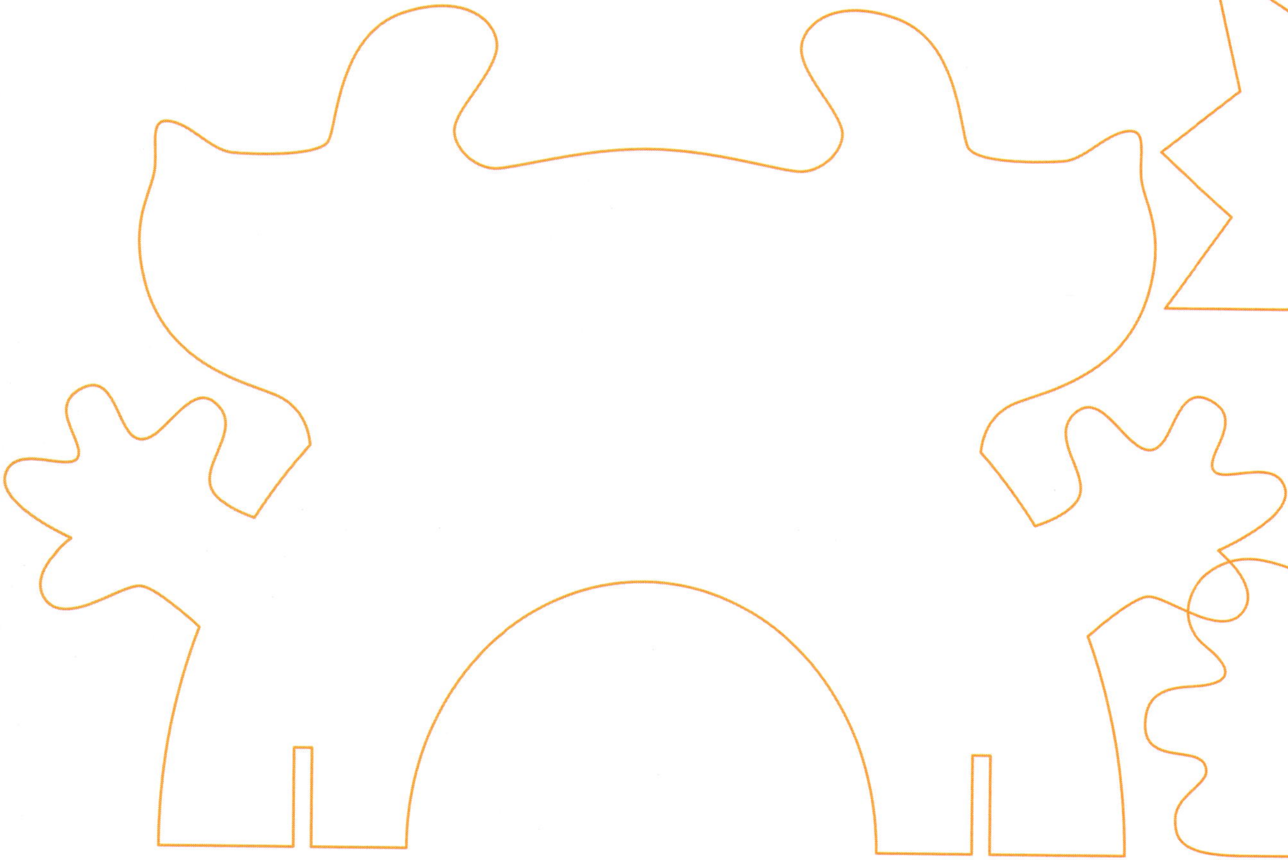

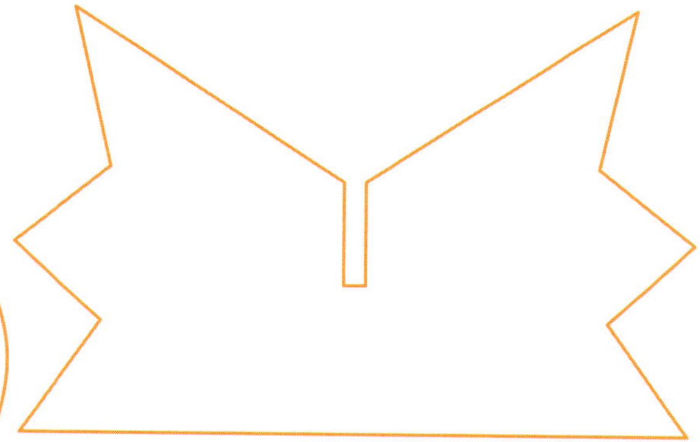

Jeu monstrueux

page 64

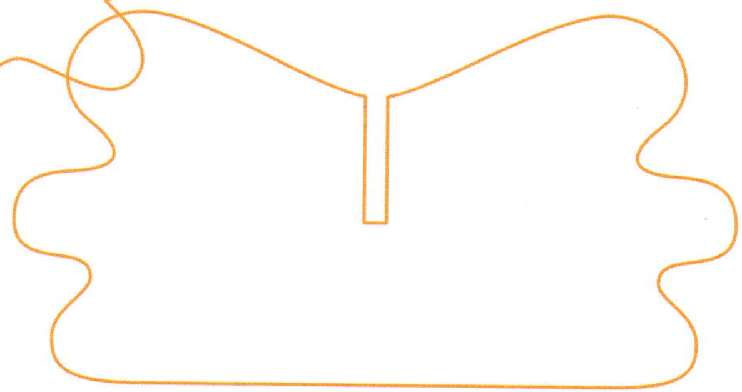

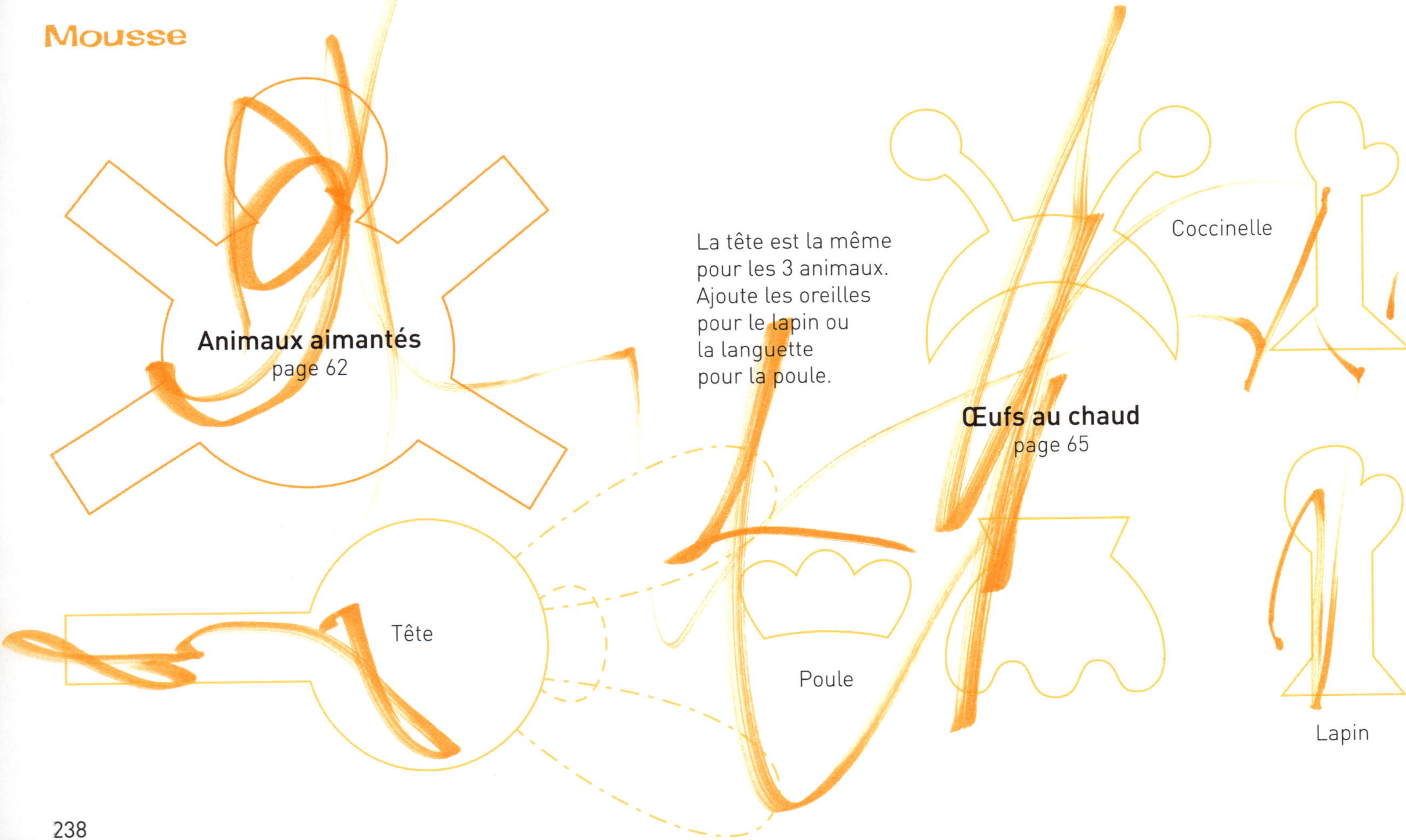
Animaux aimantés
page 62
Tête
La tête est la même
pour les 3 animaux.
Ajoute les oreilles
pour le lapin ou
la languette
pour la poule.
Poule
Œufs au chaud
page 65
Coccinelle
Lapin

Mousseville

pages 66-67

Jolie poupée !

page 71

Jolie poupée !
page 71

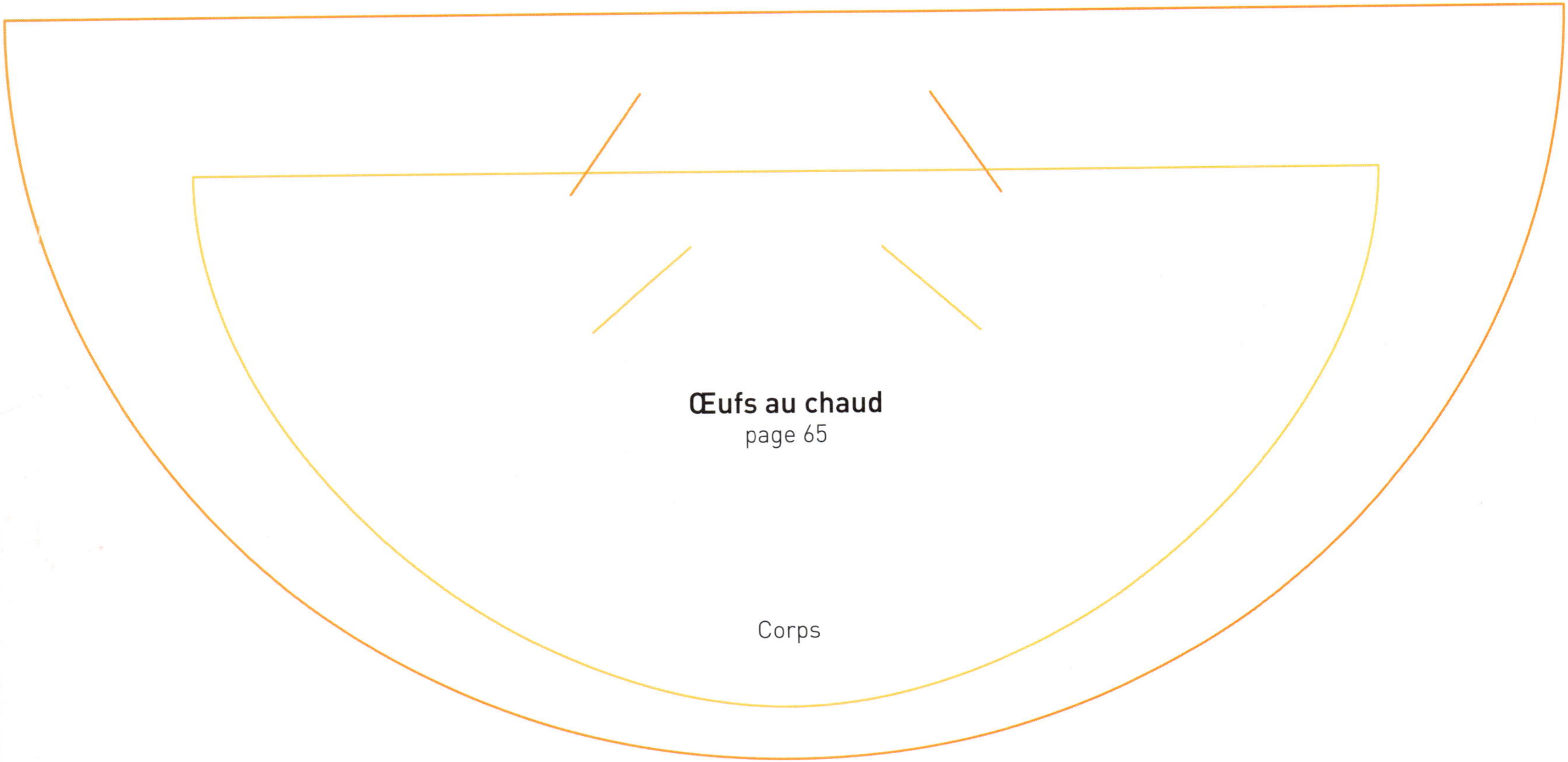

Jolies cocottes
page 90

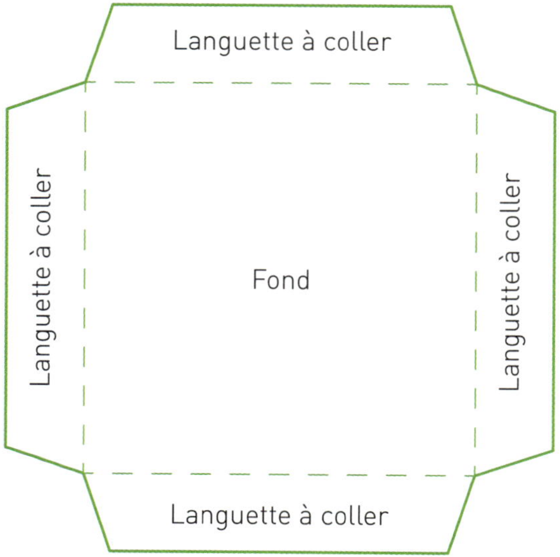

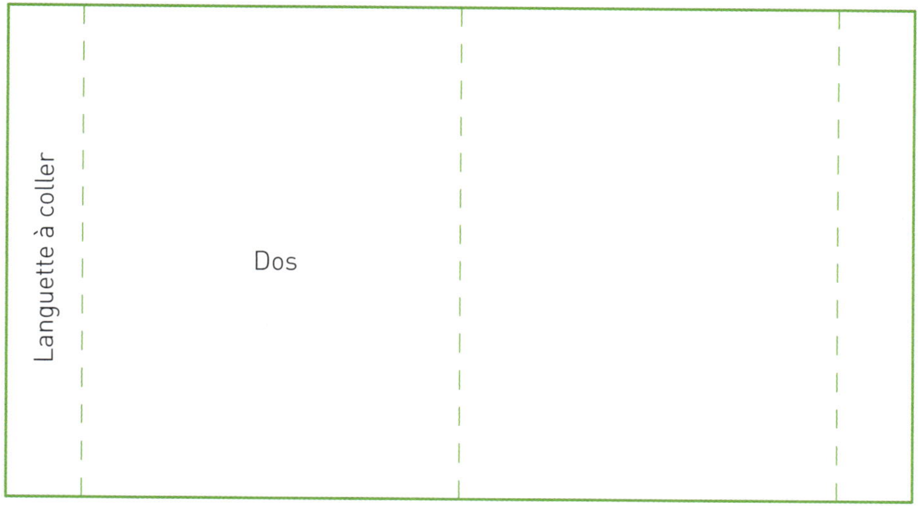

Mini-carnets
page 79

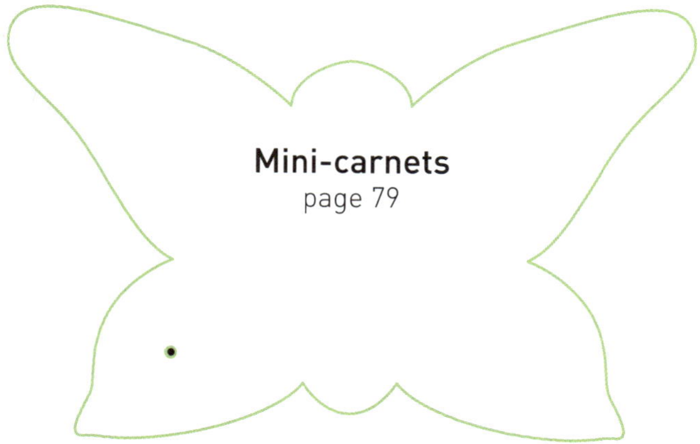

Jolies cocottes

page 90

Folles marionnettes

page 82

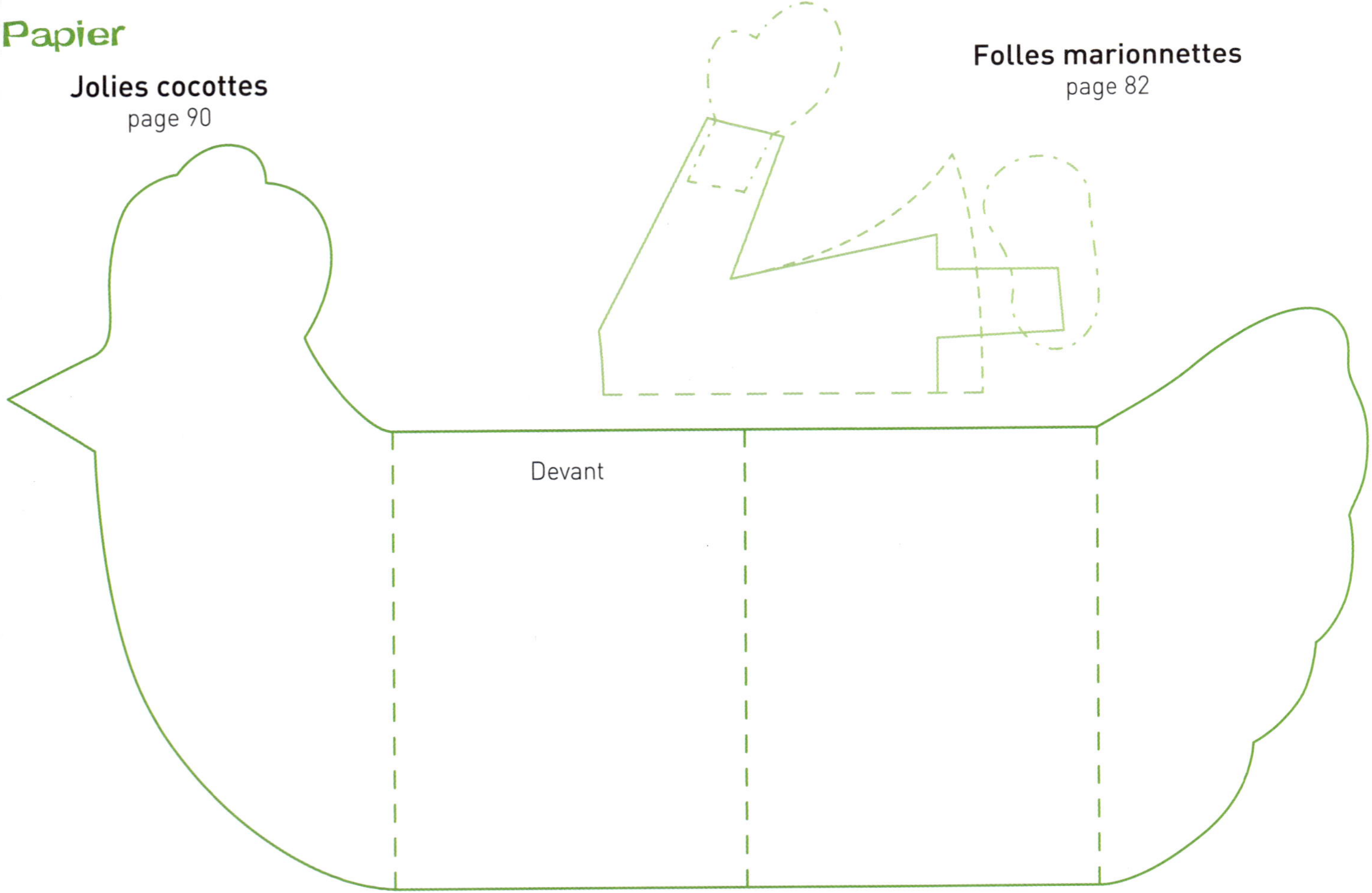

Mini-carnets

page 79

Cartes en fête

page 80

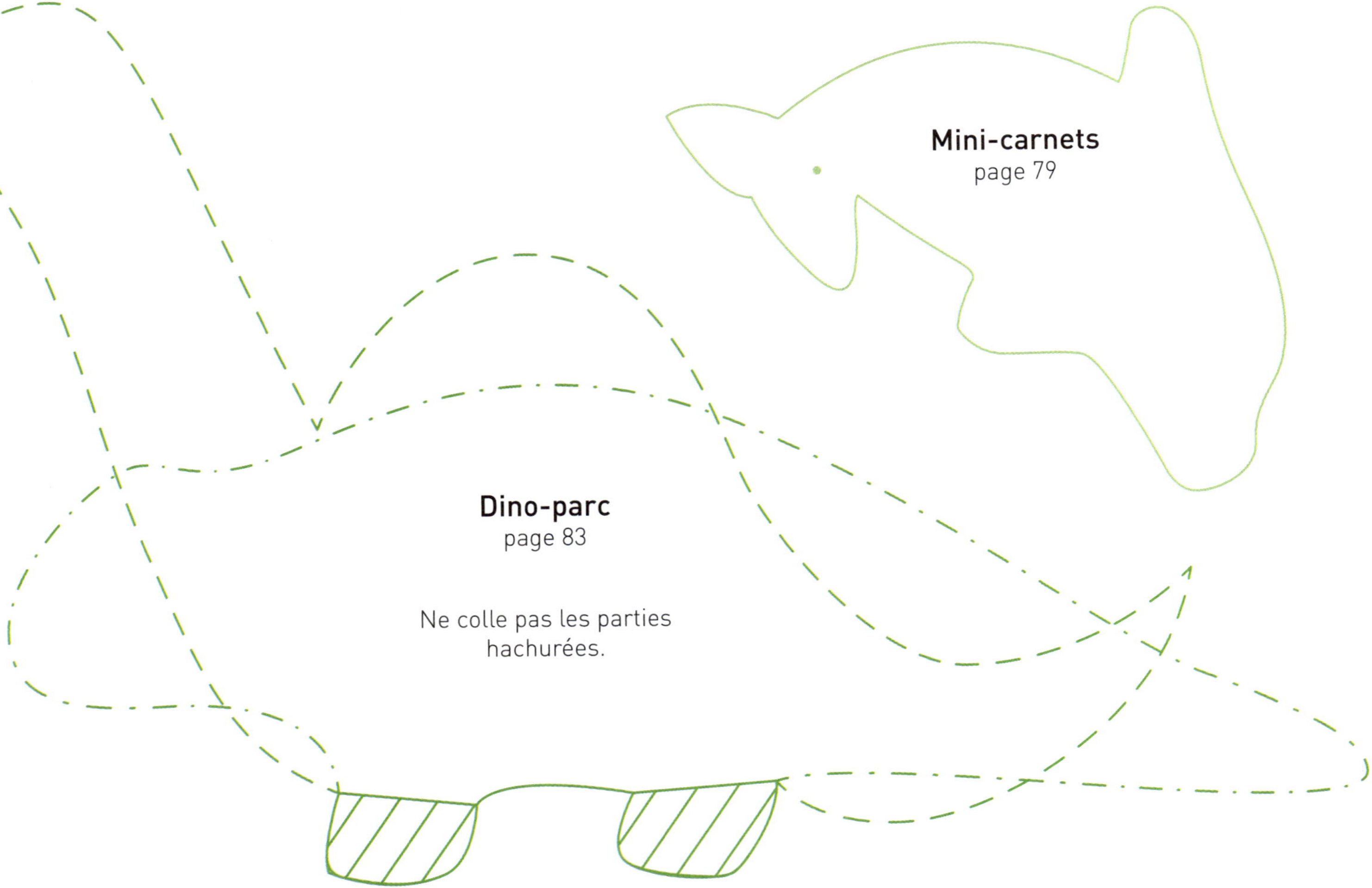

Mini-carnets
page 79

Dino-parc
page 83

Ne colle pas les parties hachurées.

Cartes en fête

page 80

Dino-parc

page 83

Ne colle pas les parties hachurées.

Papier

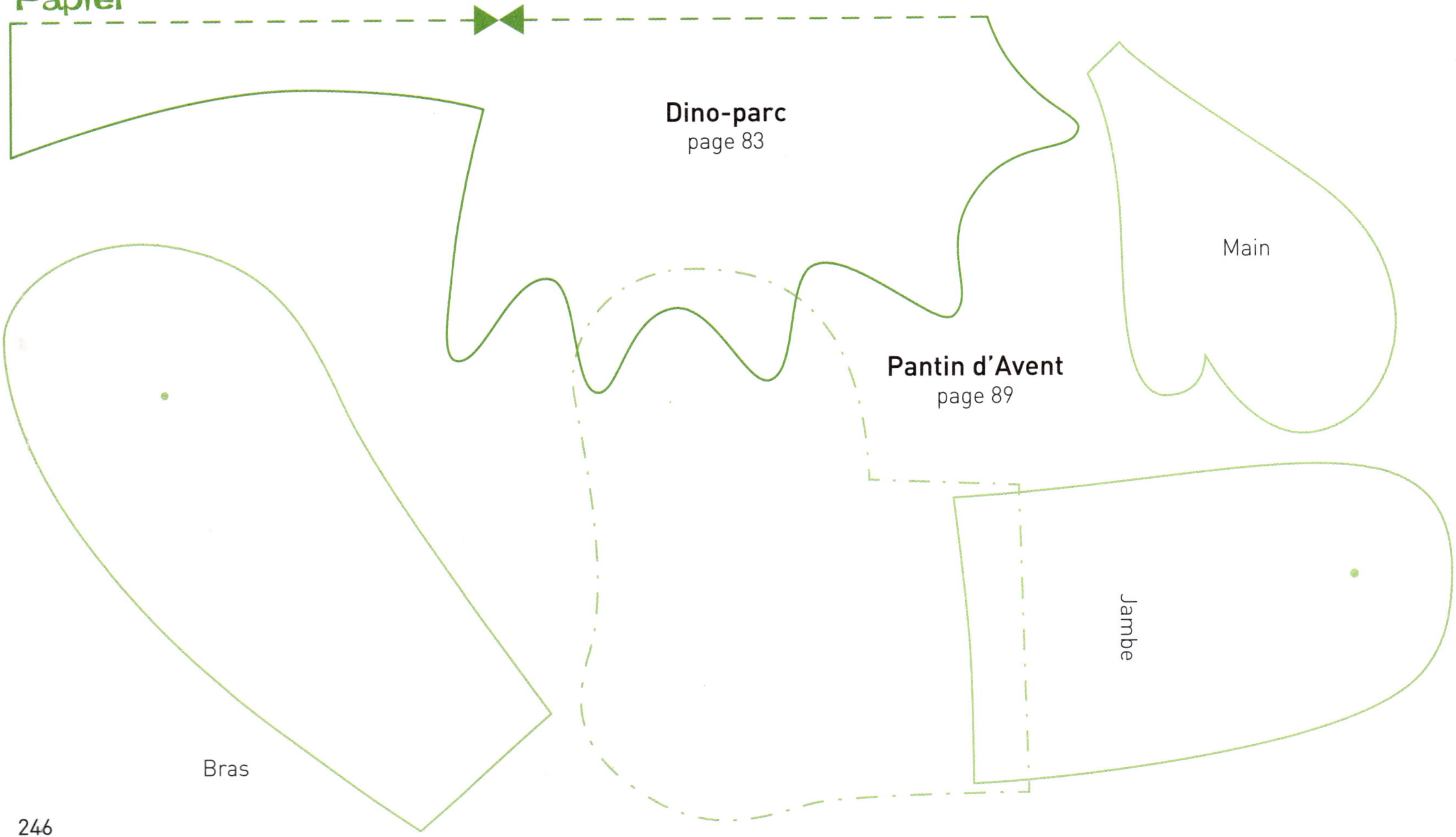

Papier crépon

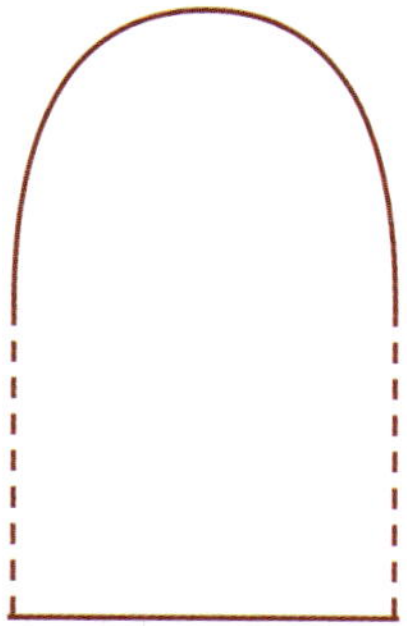

Colliers colorés
page 93

Boîtes-fleurs
page 95

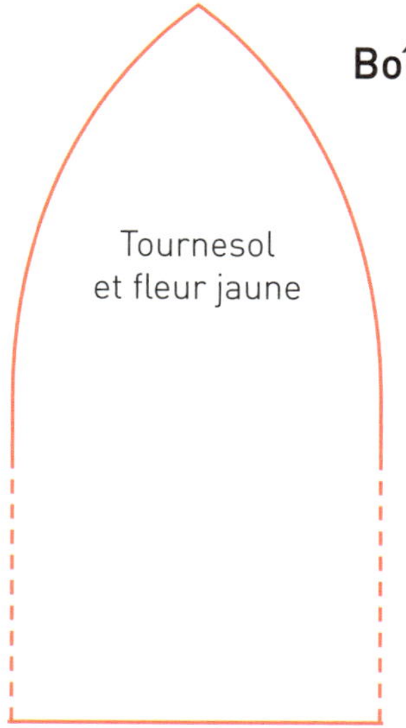

Cocotte-surprise
page 97

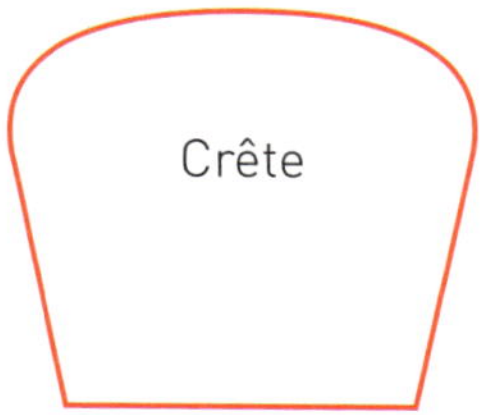

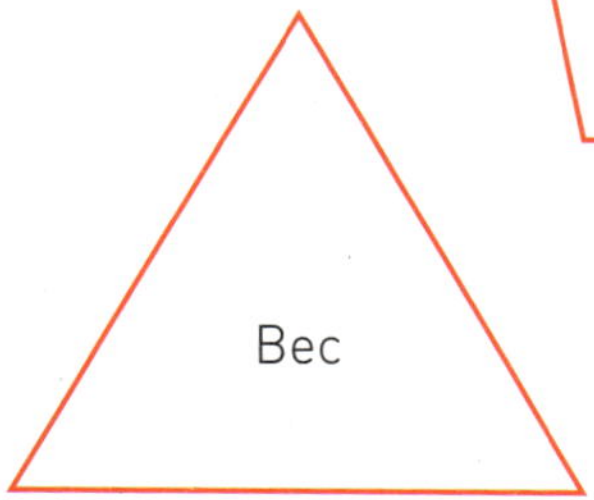

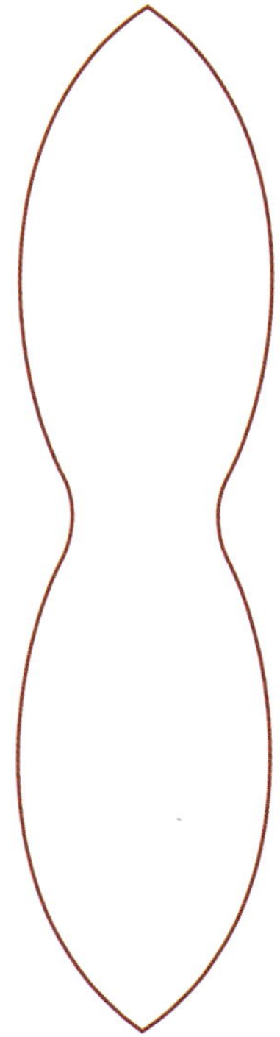

Crayons fleuris
page 99

Fleurissimo
page 103

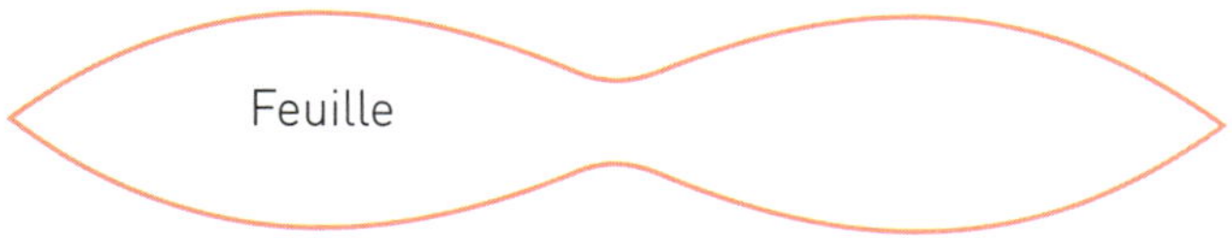

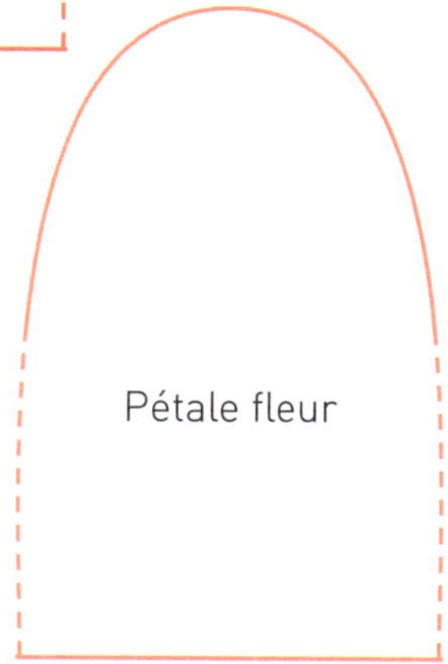

Papier crépon

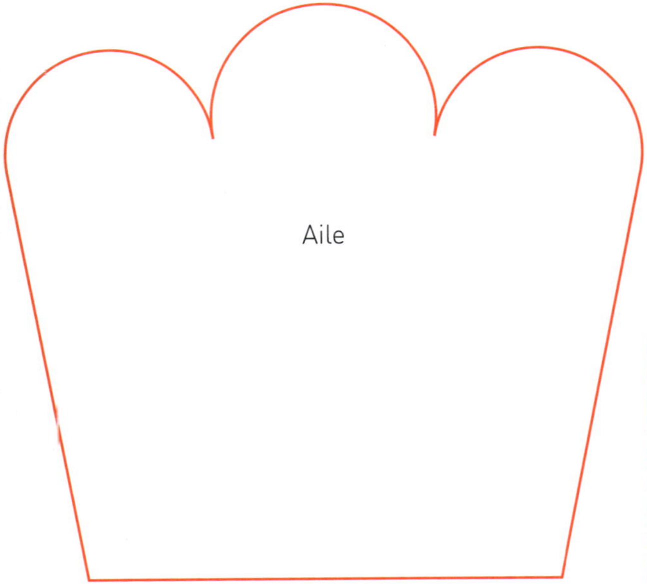

Cocotte-surprise
page 97

Mini-potager
pages 104-105

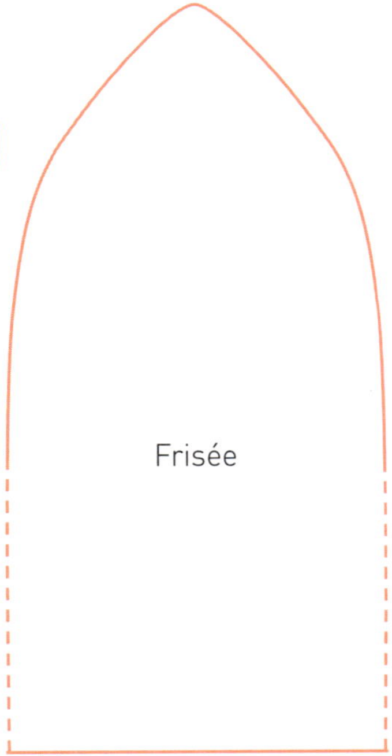

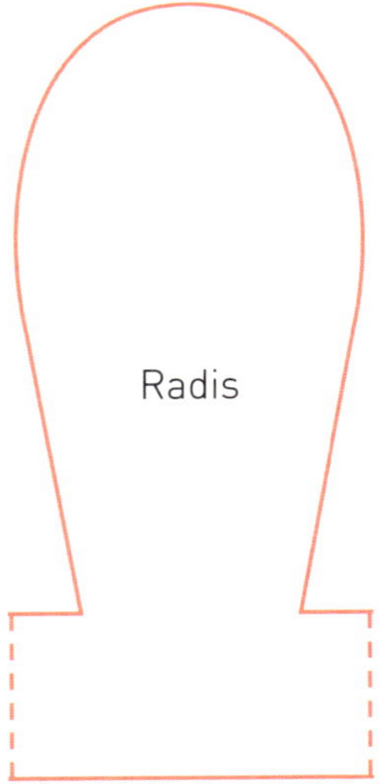

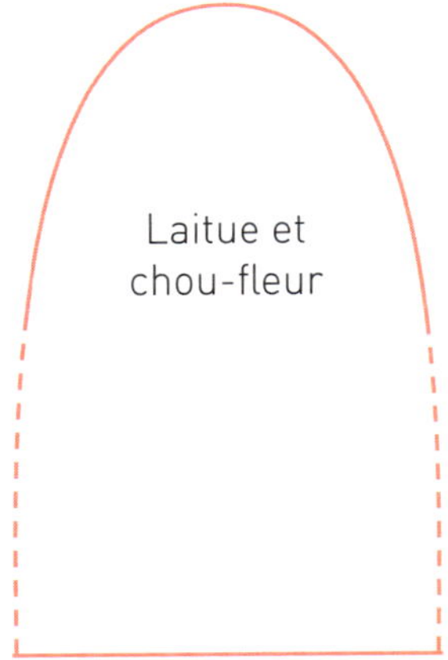

Souris et lapins
page 102

Oreille lapin

Oreille souris

Marionnettes à doigts
pages 126

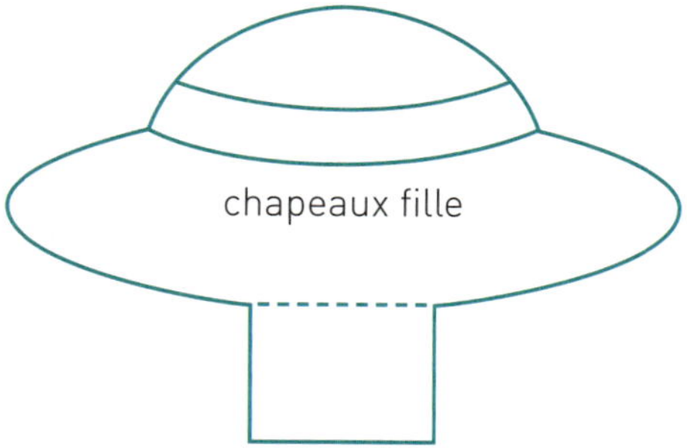

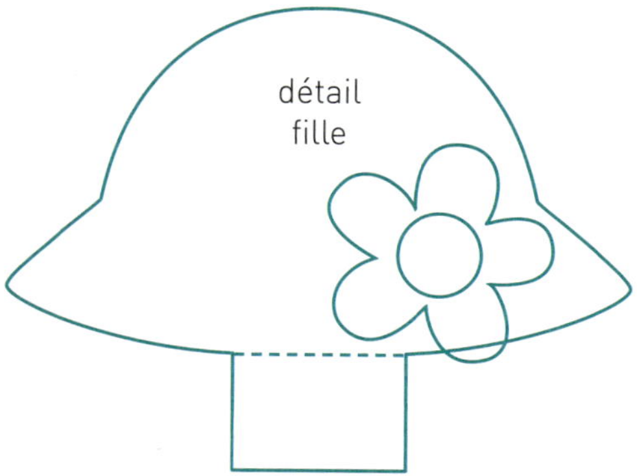

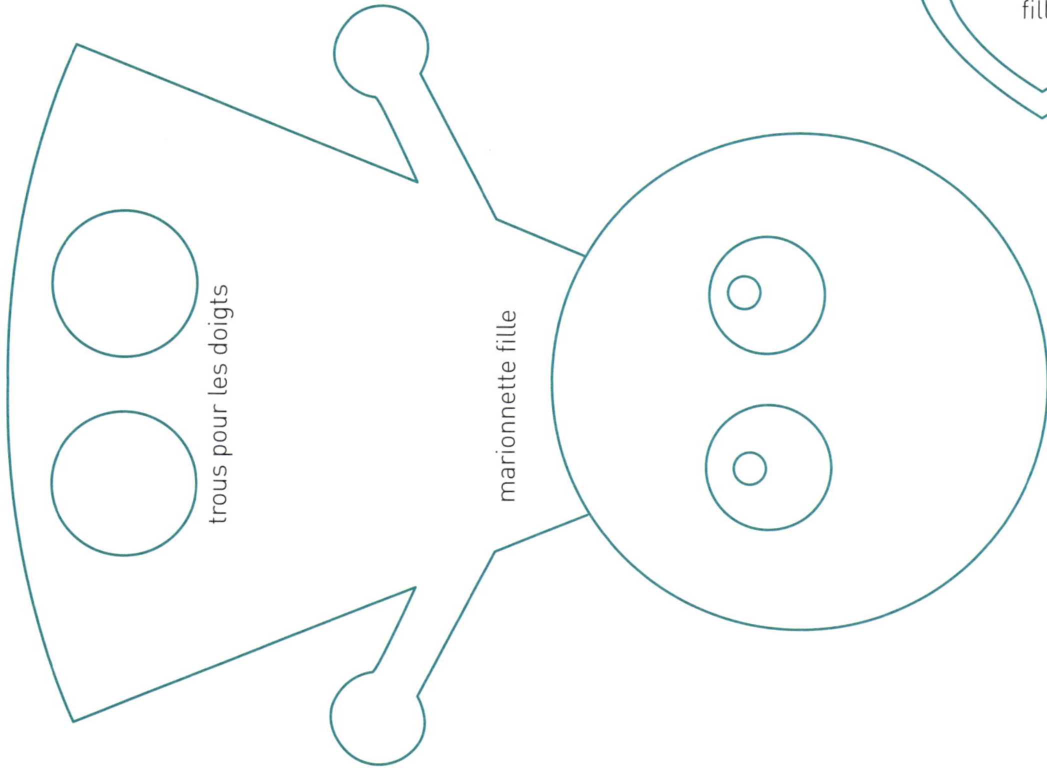

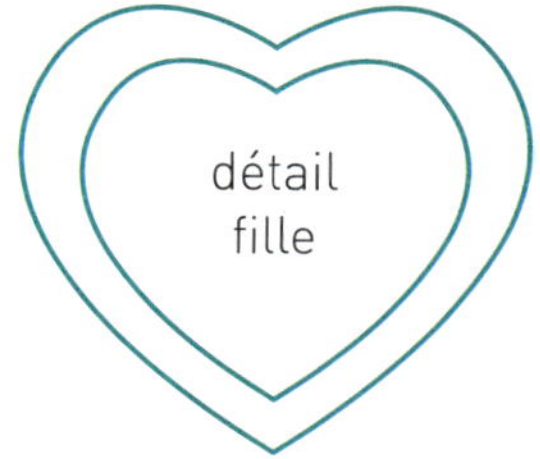

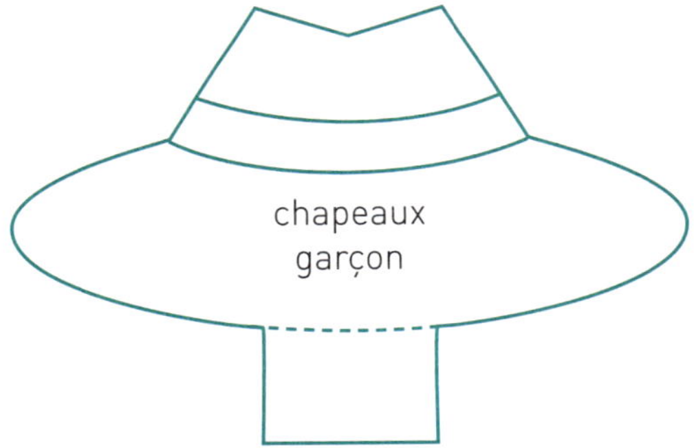

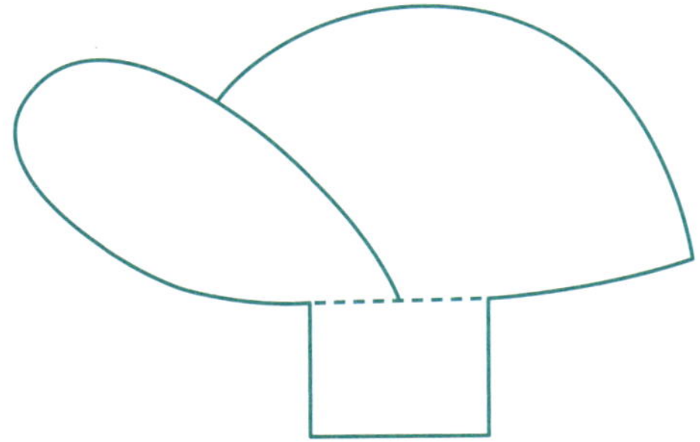

Marionnettes à doigts
pages 126

Toutou tout articulé

page 135

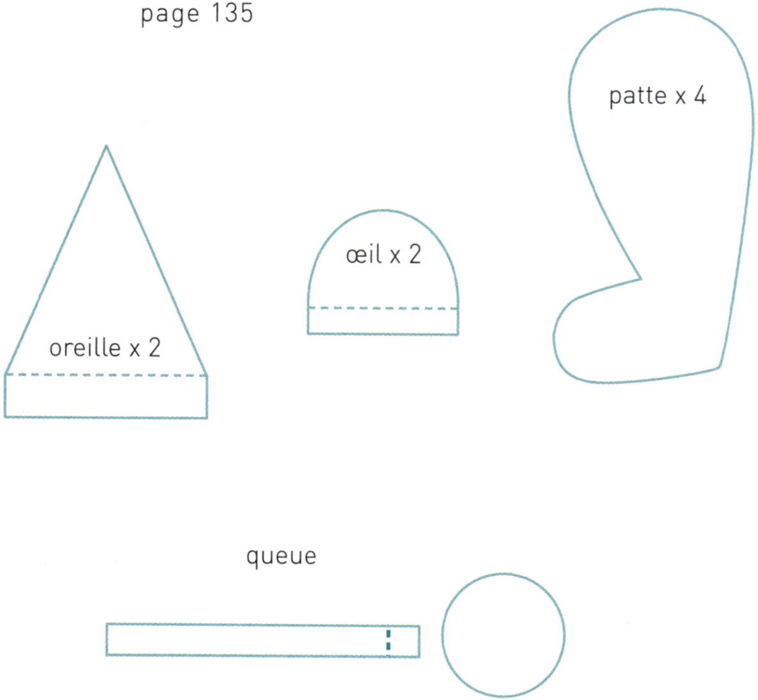

Marionnettes à doigts

page 126

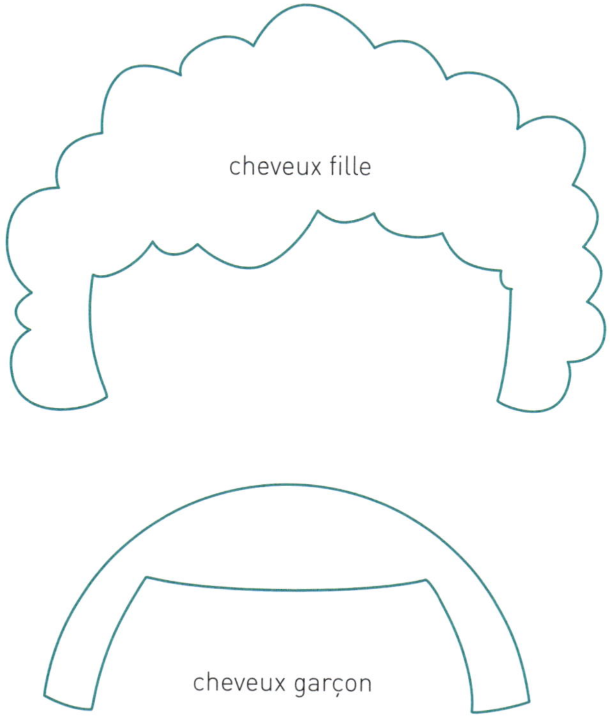

Conseil : lorsqu'un patron présente plusieurs tracés, découpe d'abord les formes en suivant les contours extérieurs.

Animaux très rigolos

page 125

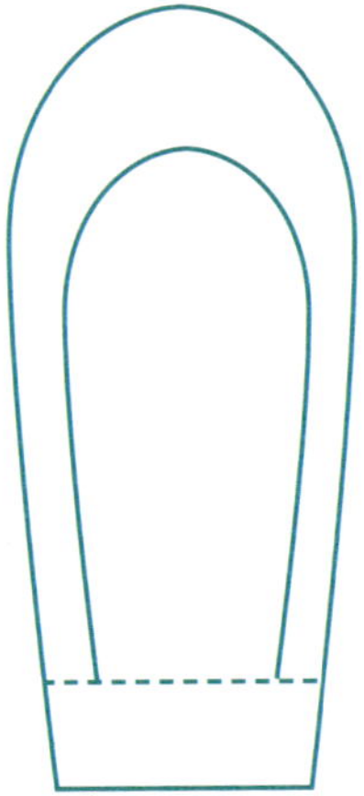

oreille de lapin x 2

museau de lapin

patte de lapin x 2

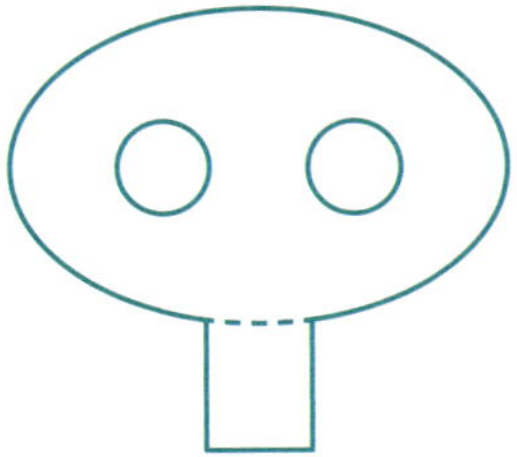

groin de cochon

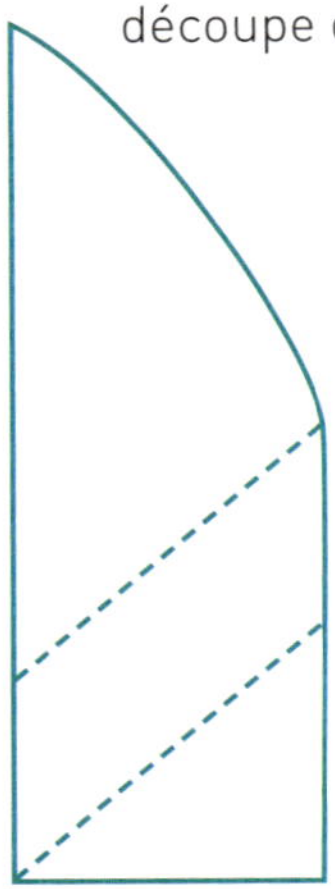

oreille de cochon x 2

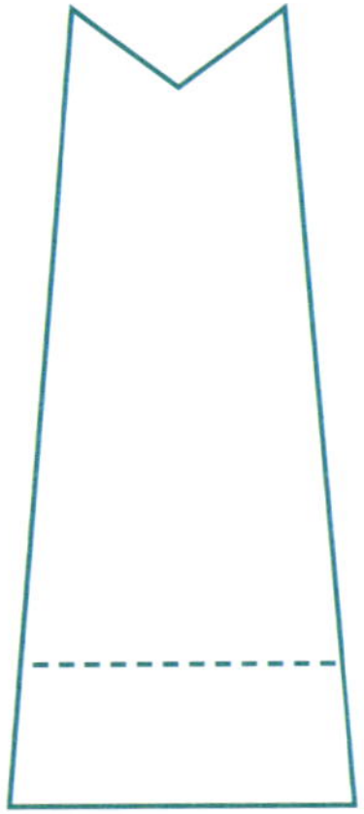

patte de cochon x 2

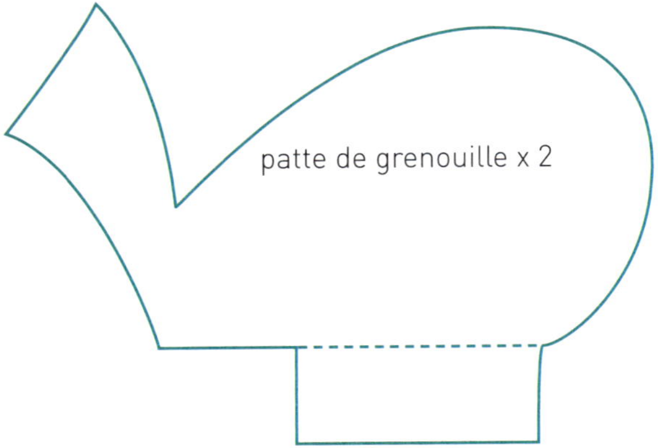

patte de grenouille x 2

yeux (x 2 par animal)

Papier et carton

Conseil : lorsqu'un patron présente plusieurs tracés, découpe d'abord les formes en suivant les contours extérieurs.

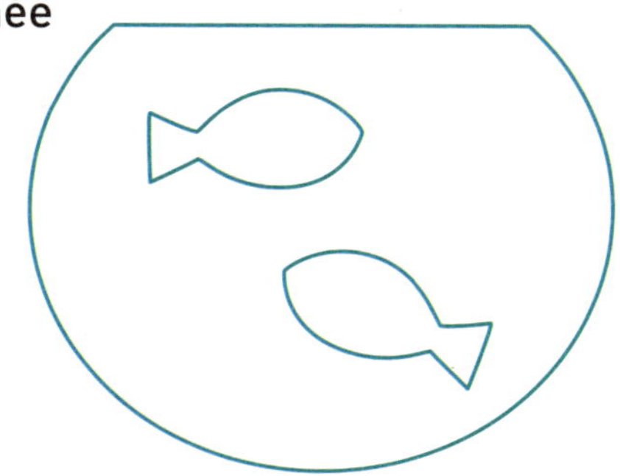

Carte animée
page 133

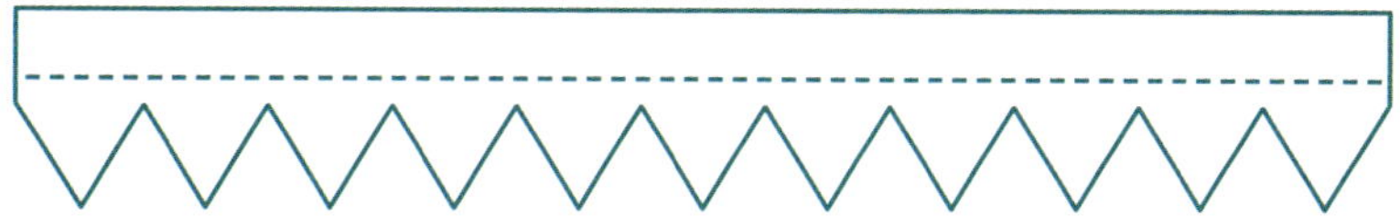

dents de renard x 2

bas les masques !
page 129

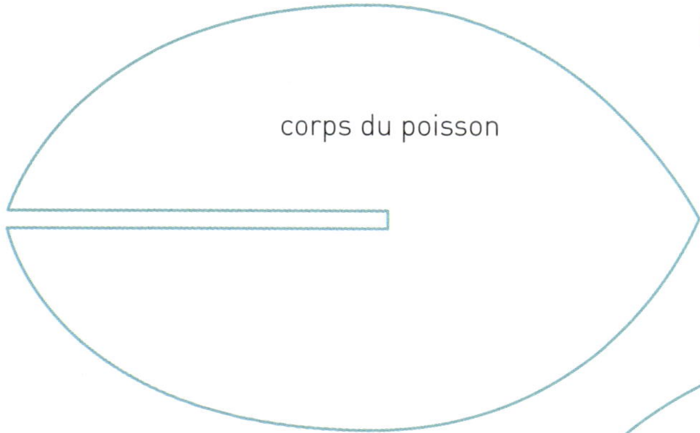

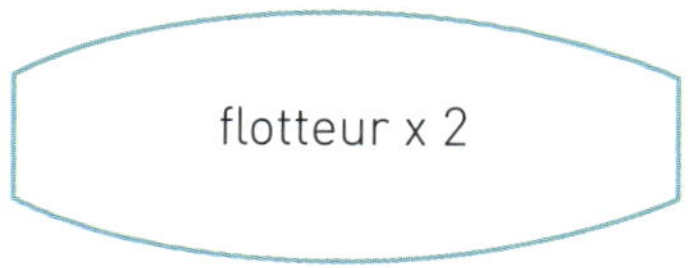

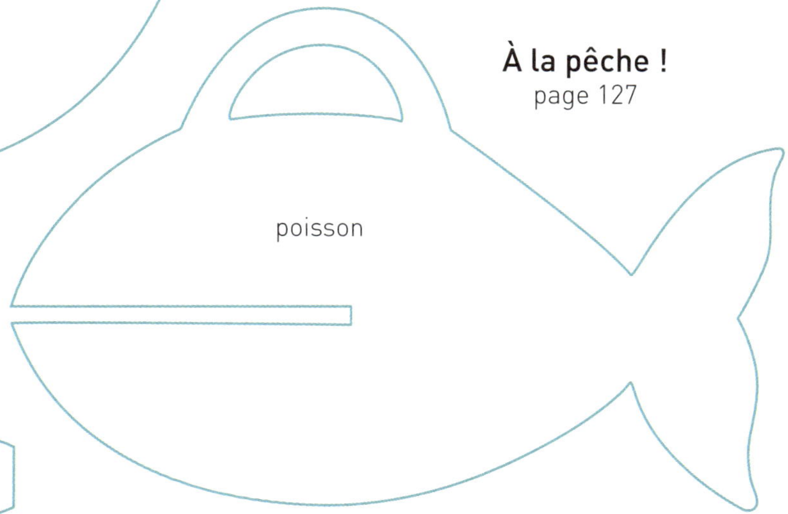

À la pêche !
page 127

Papillons... volent !
page 159

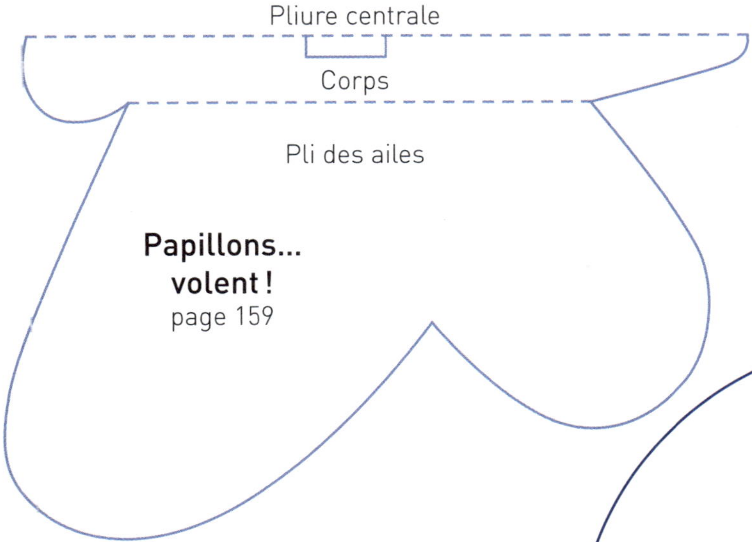

Oiseaux de Paradis
page 164

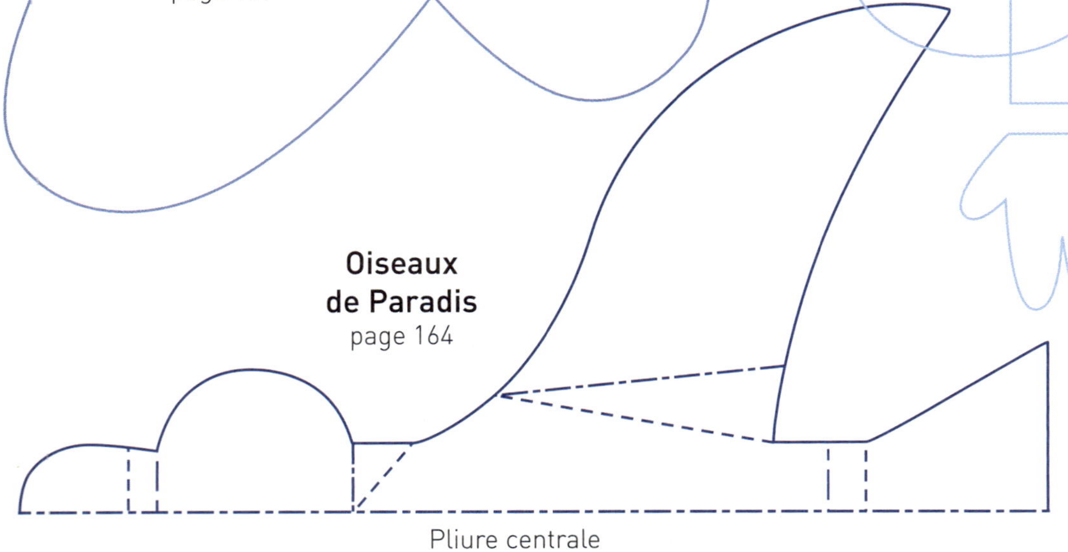

Gorille tapageur
page 168

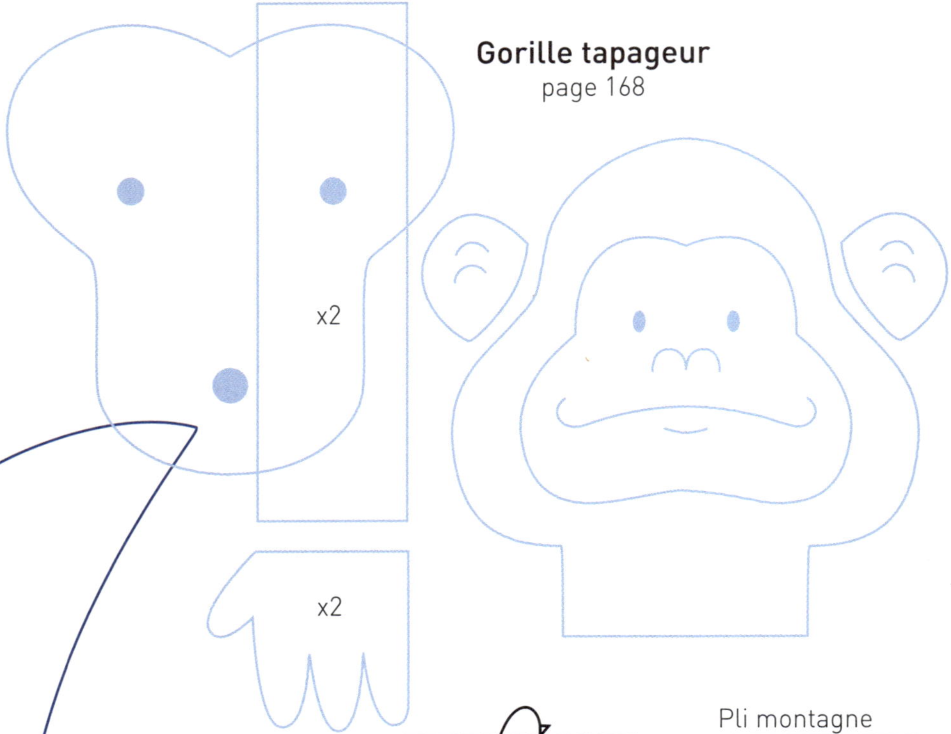

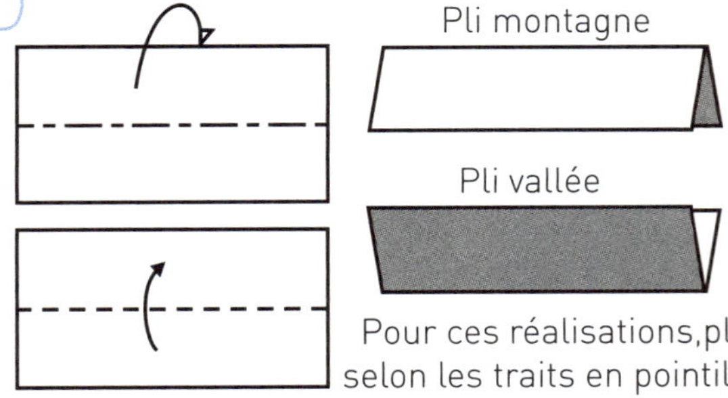

Pour ces réalisations,plie selon les traits en pointillés

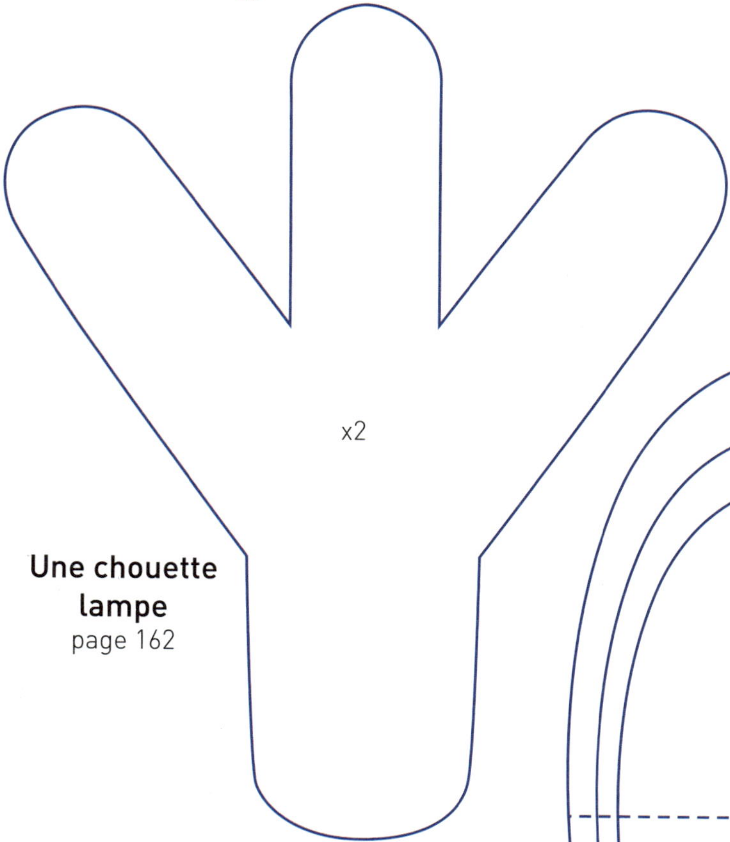

Une chouette lampe
page 162

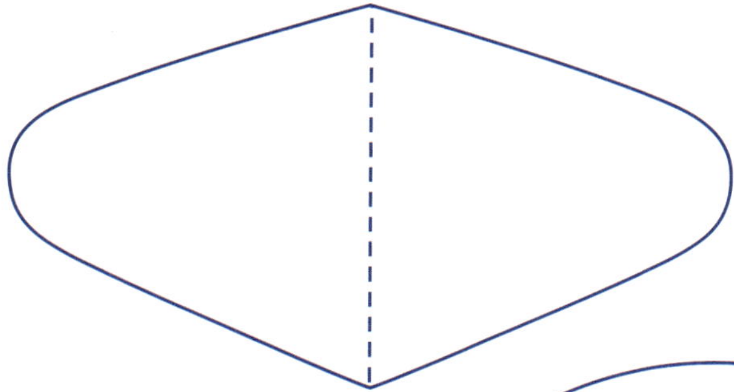

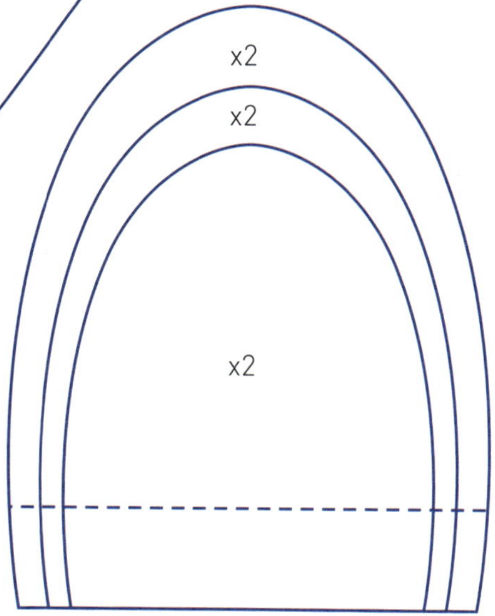

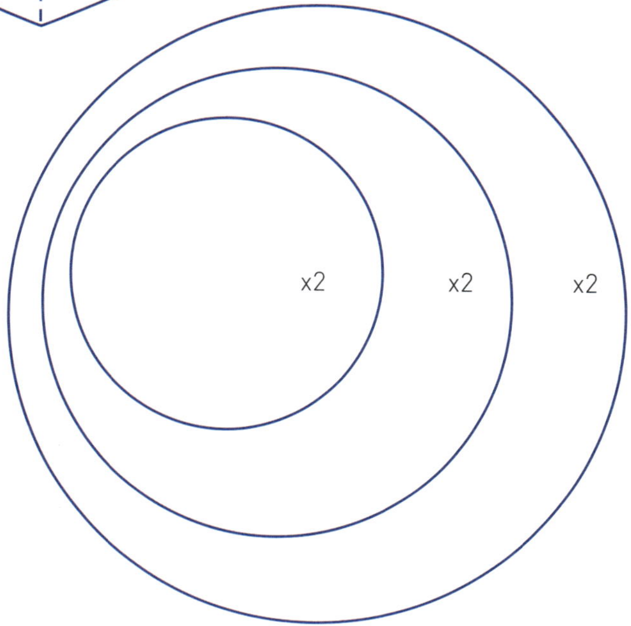

Famille tortue

page 166

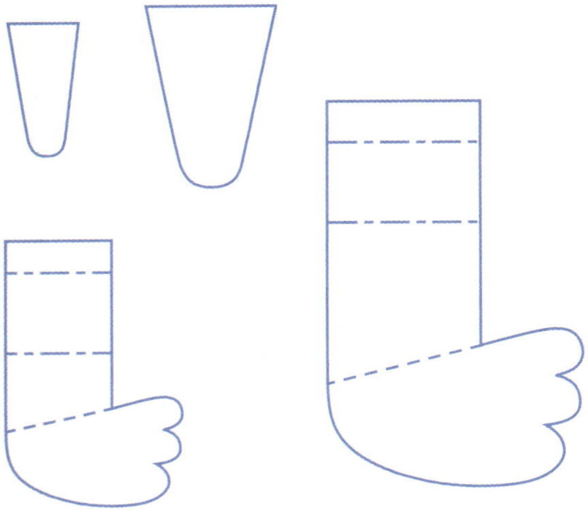

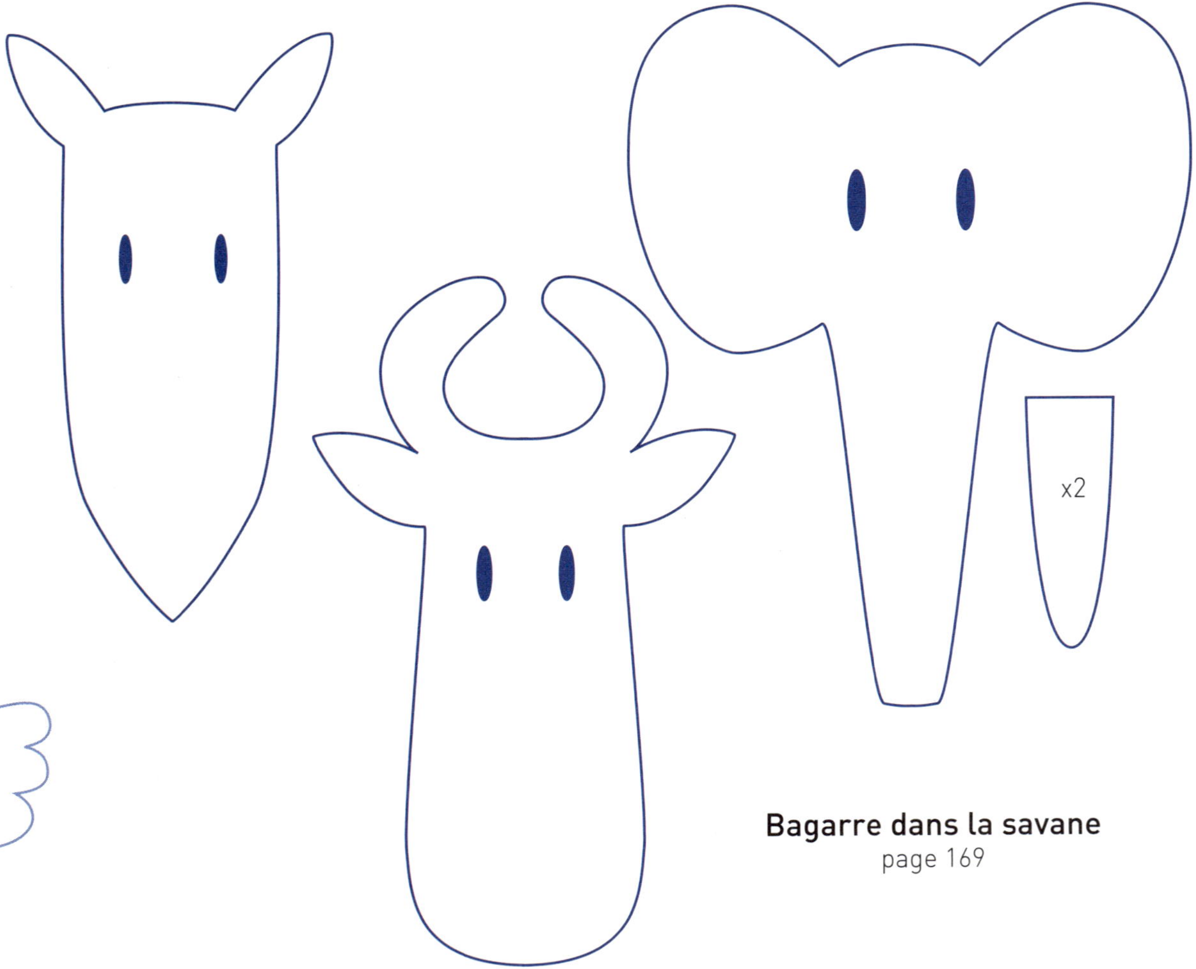

Bagarre dans la savane

page 169

Jolies cartes

page 173

Boîtes à malice

page 175

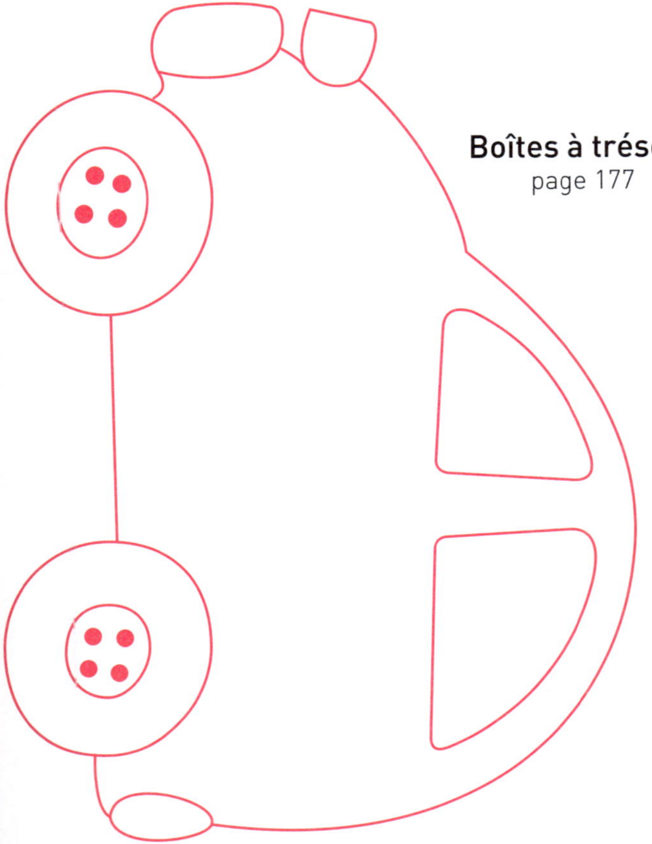

Boîtes à trésors
page 177

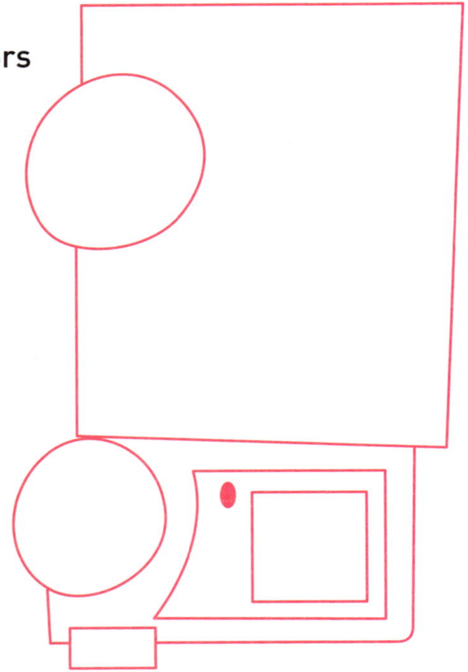

Jolies cartes
page 173

Carnets rigolos
page 182

Au bal masqué
page 185

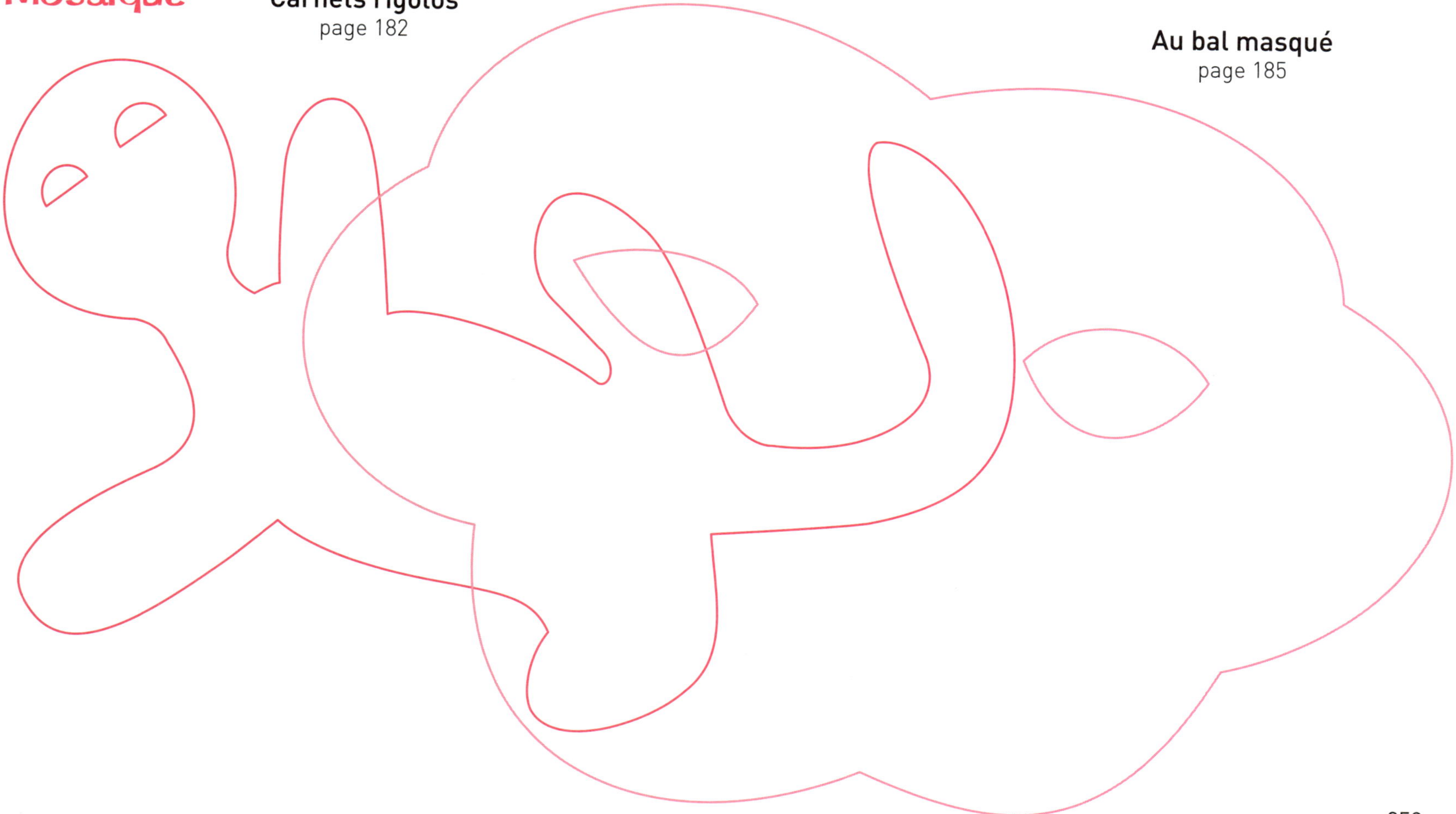

Pompons

Anneaux pour tous les pompons réalisés dans le livre

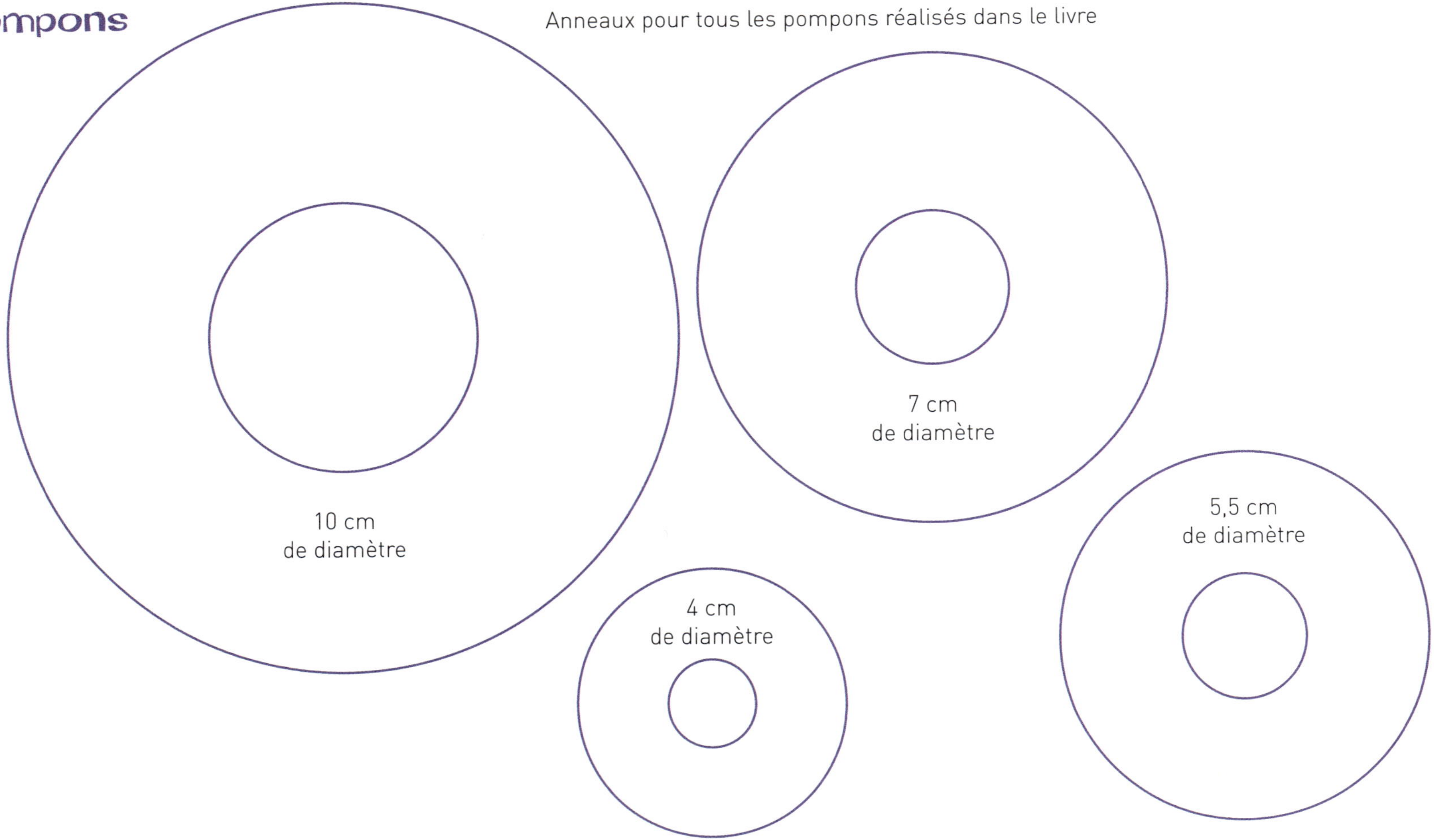

Pompons

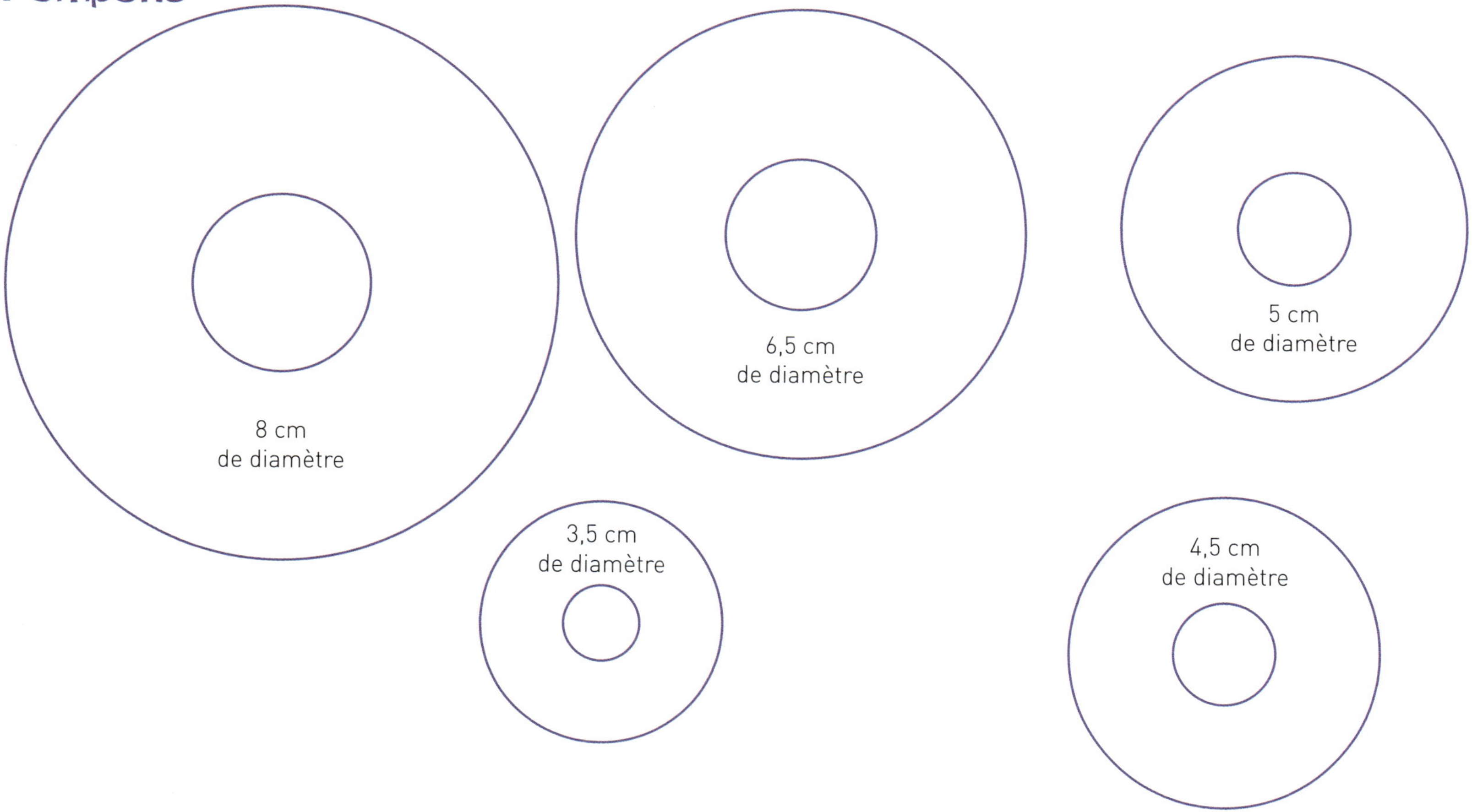
8 cm
de diamètre
6,5 cm
de diamètre
5 cm
de diamètre
3,5 cm
de diamètre
4,5 cm
de diamètre

Pompons

Monstres de douceur

page 190

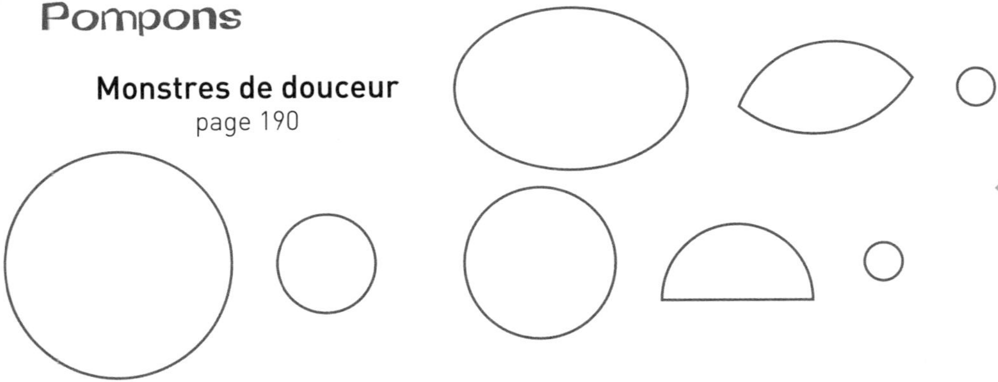

Petites bêtes

page 189

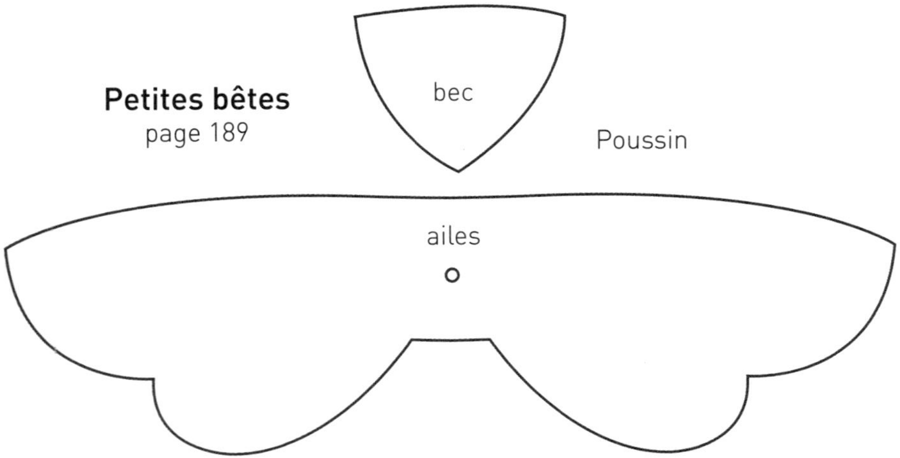

Salade de fruits

page 197

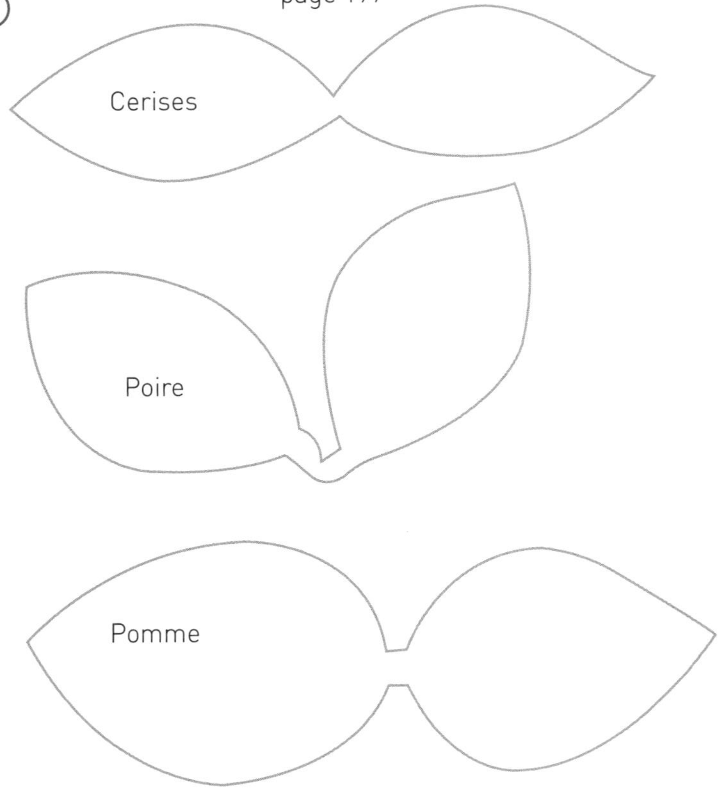

Petites bêtes

page 189

Lapin

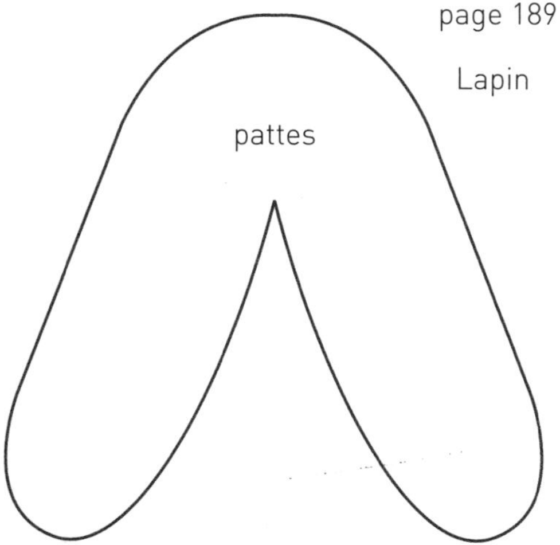

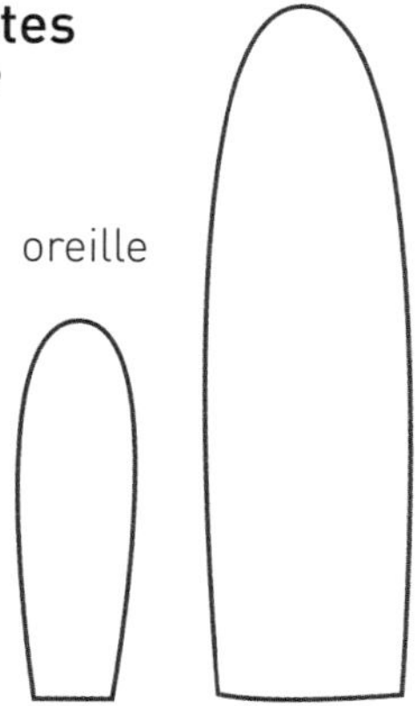

Charmant serpent

page 198

Madame l'autruche

page 200

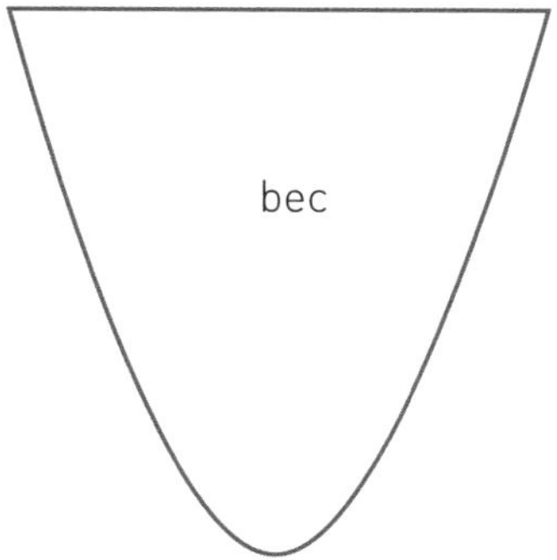

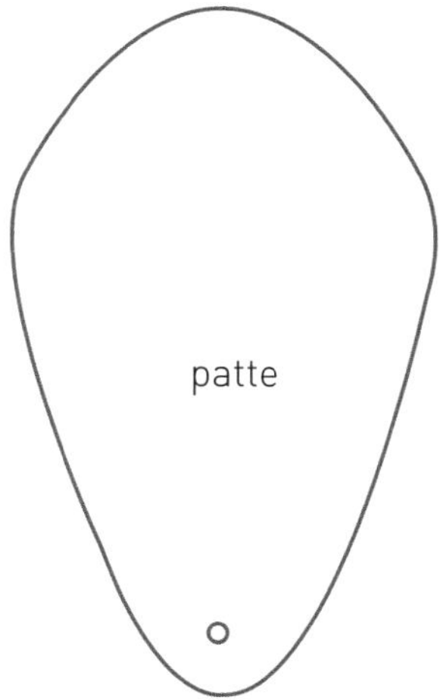

Pompons

Drôles d'insectes

page 199

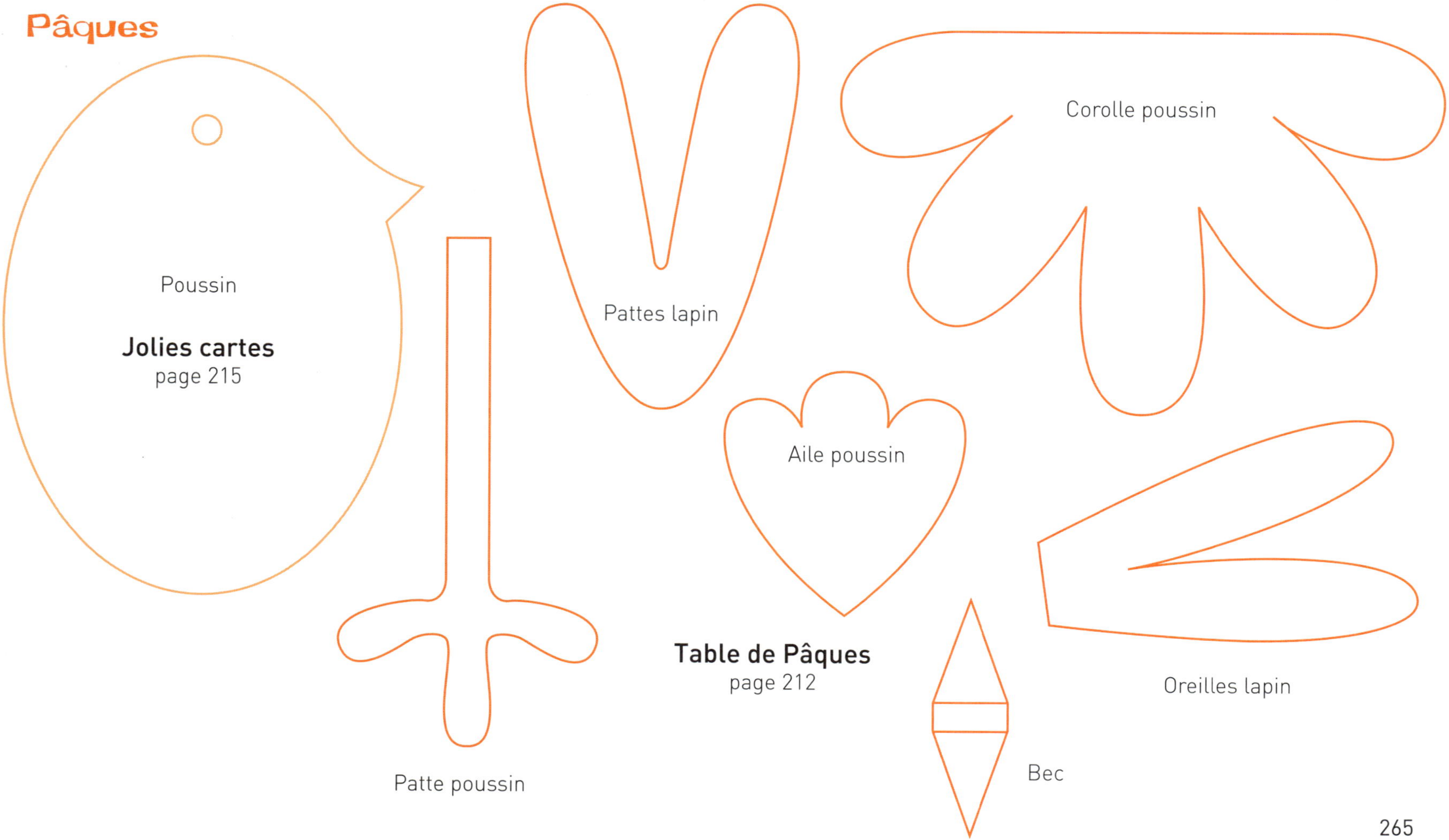
Poussin
Jolies cartes
page 215
Pattes lapin
Corolle poussin
Aile poussin
Patte poussin
Table de Pâques
page 212
Bec
Oreilles lapin

Œufs déguisés

page 206

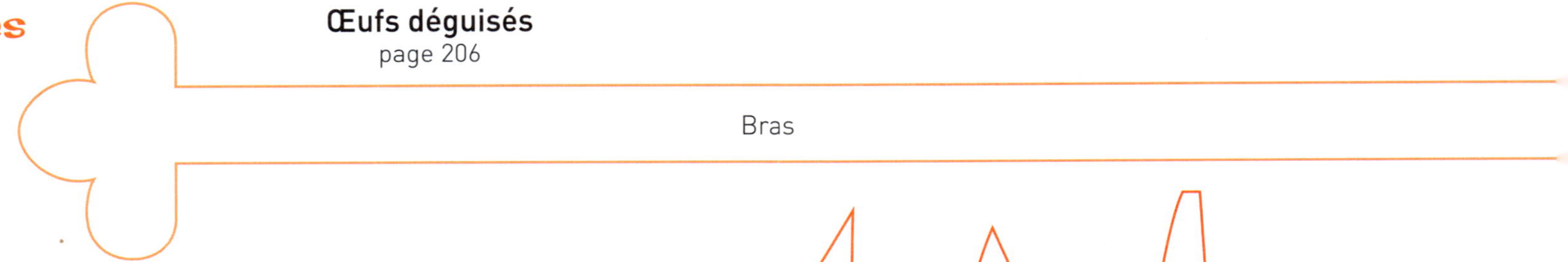

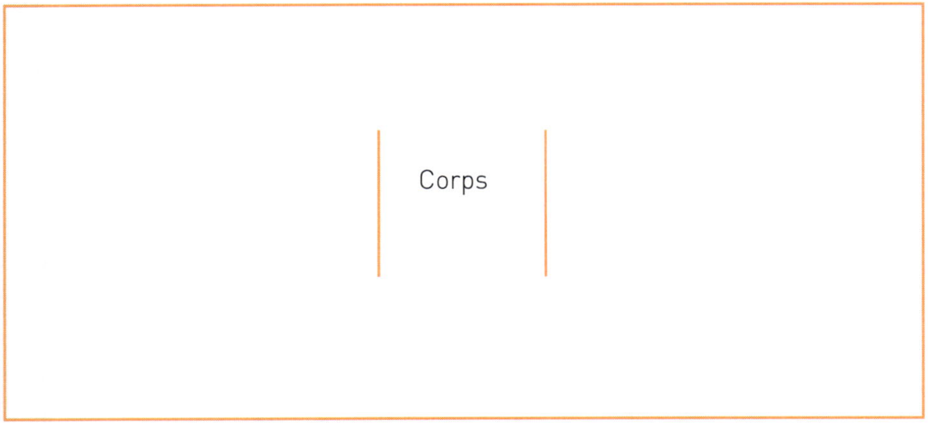

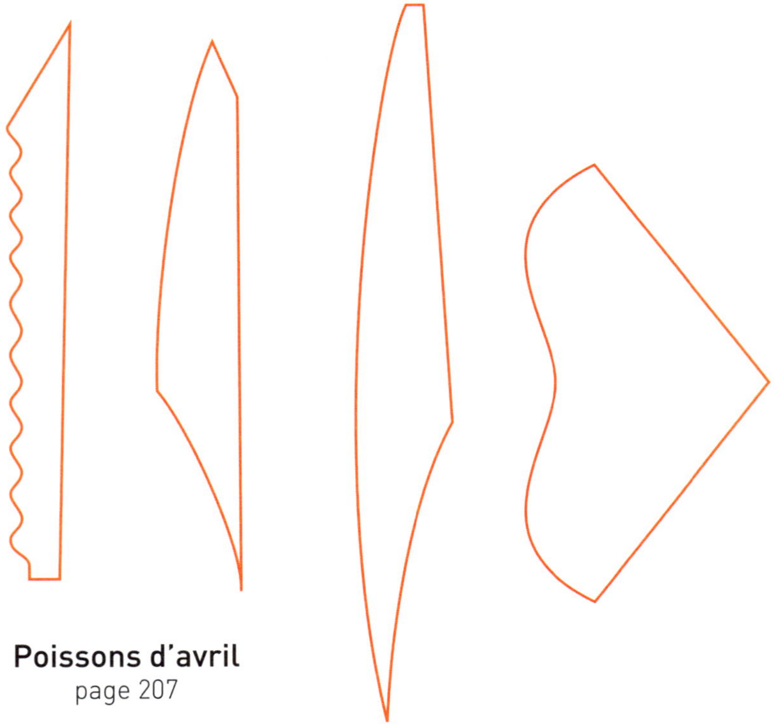

Poissons d'avril

page 207

Cloches de Pâques
page 209

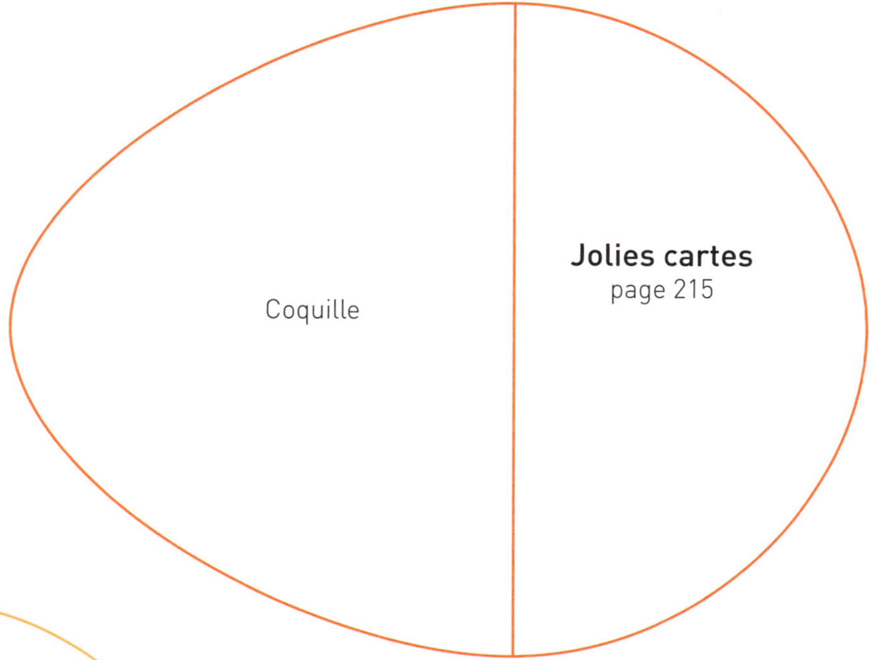

Jolies cartes
page 215

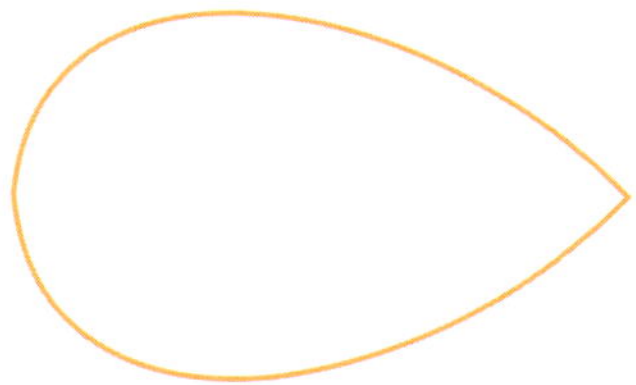

Fontaine à friandises
page 214

Pantins

page 224

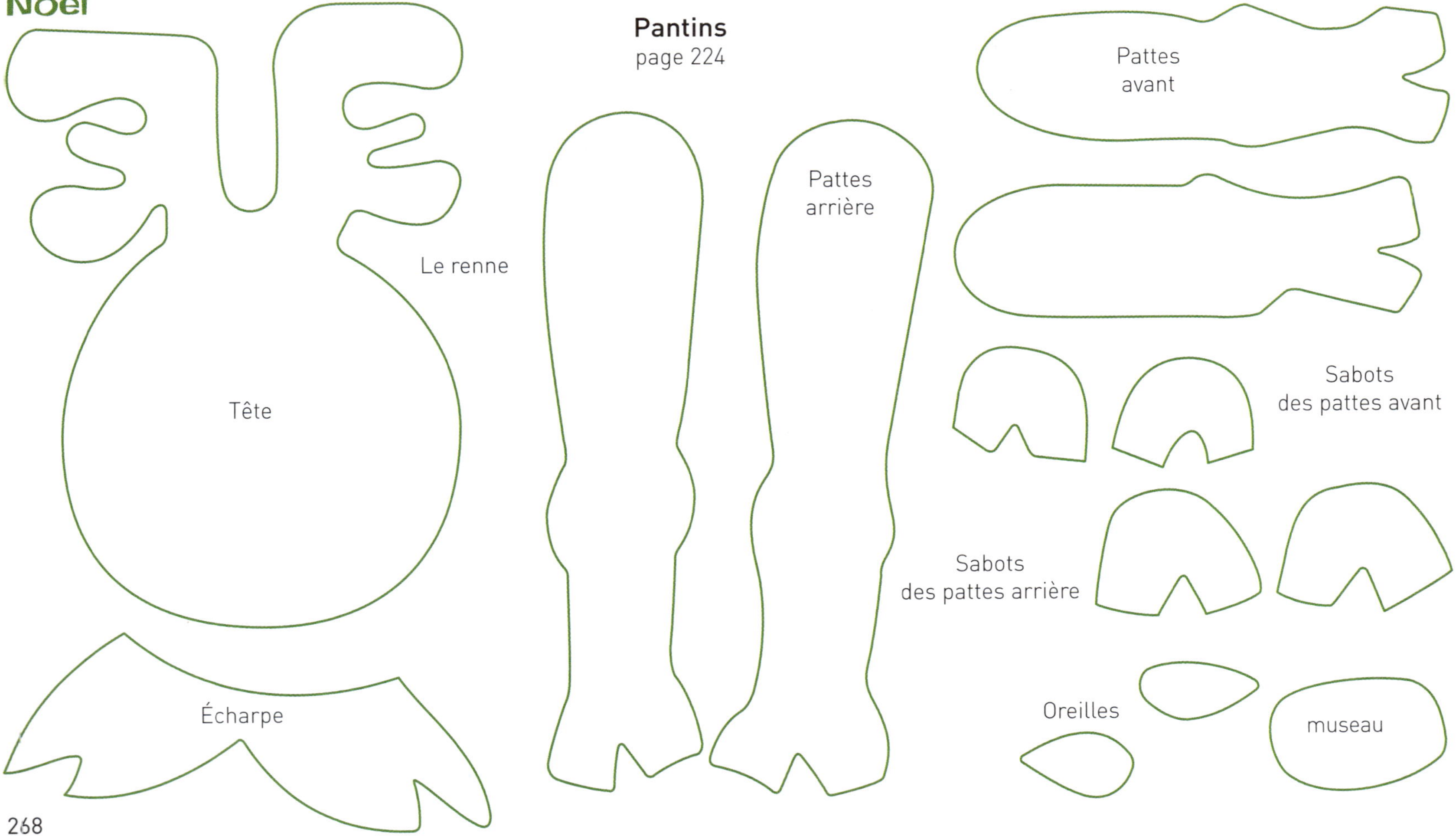

Pantins
page 224

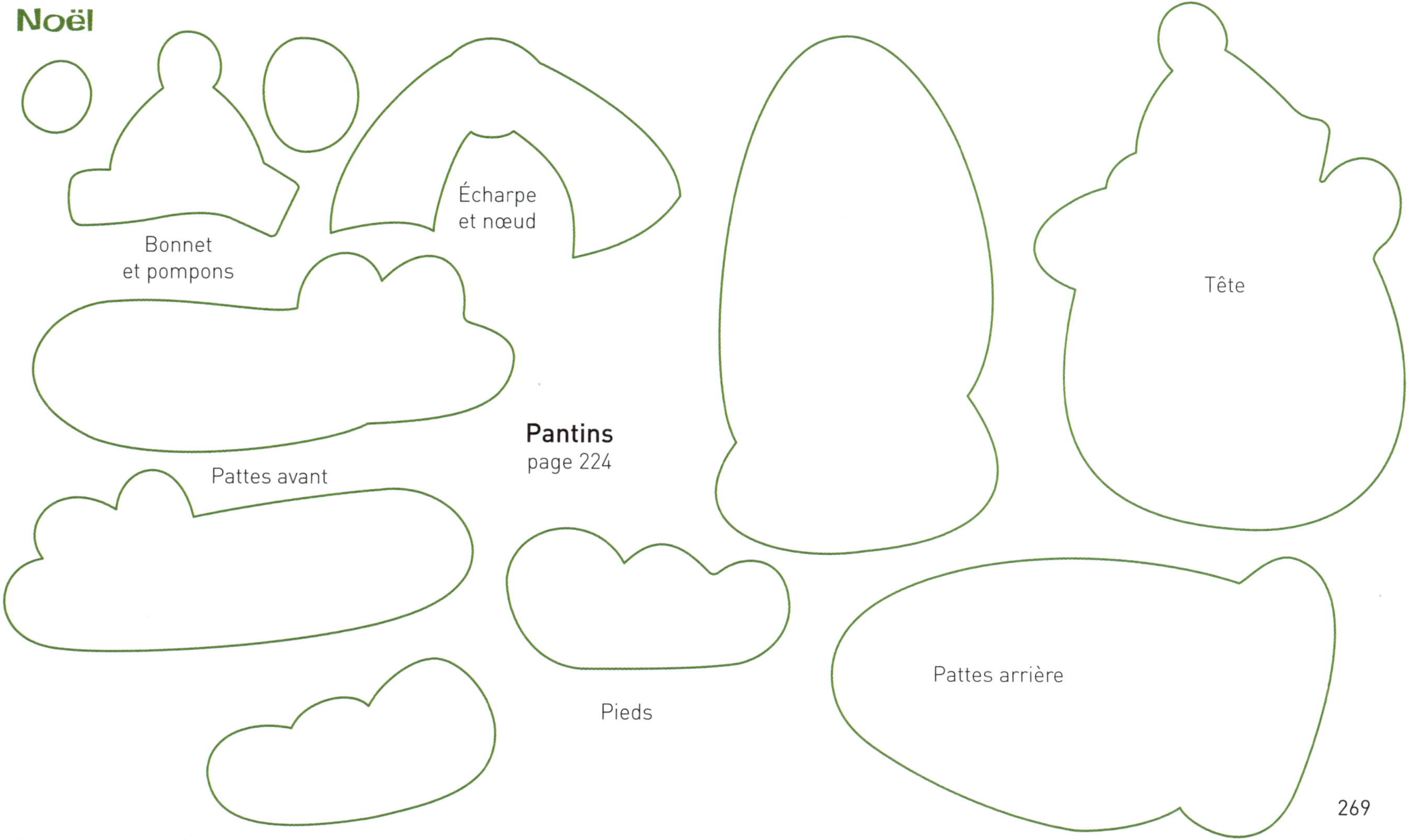

Père Noël à surprises

page 221

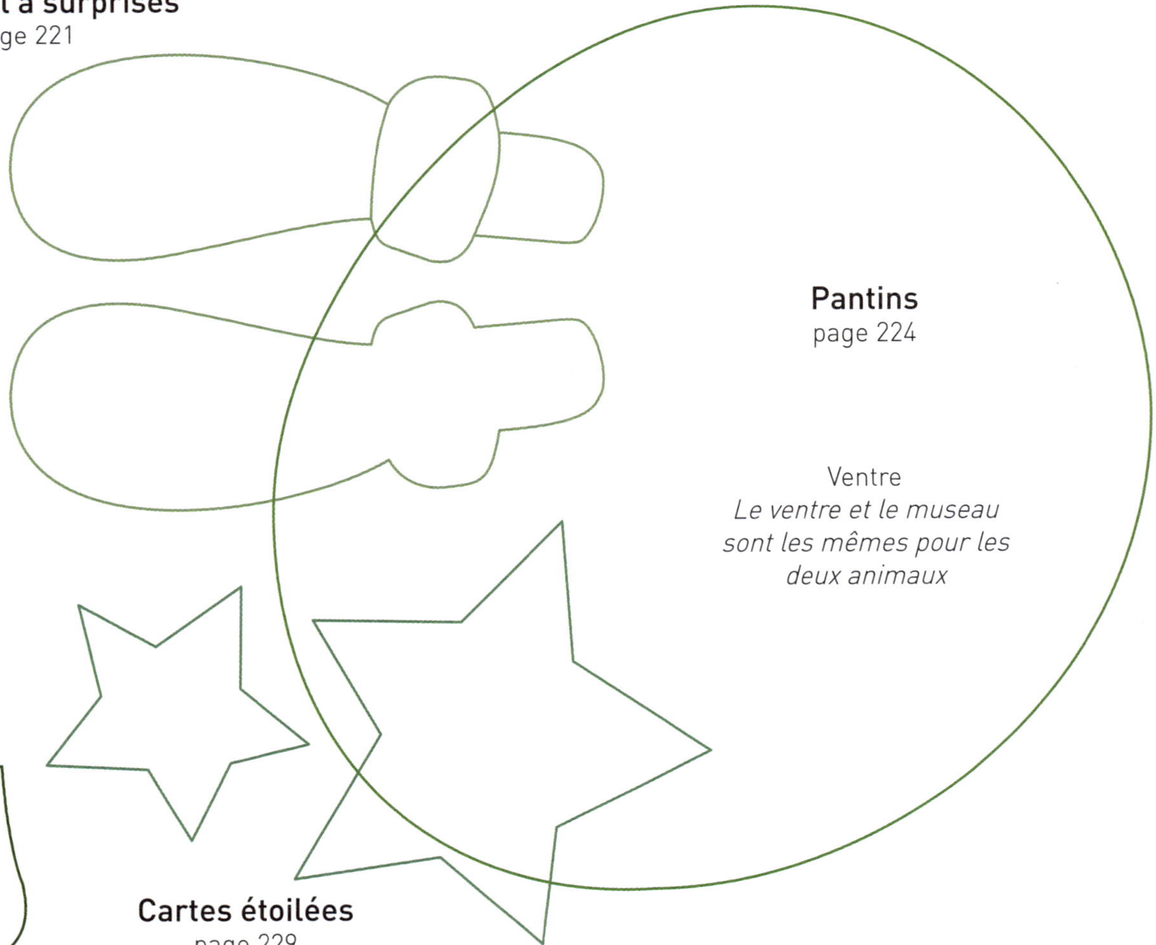

Pantins

page 224

Ventre

Le ventre et le museau sont les mêmes pour les deux animaux

Marque-places

page 227

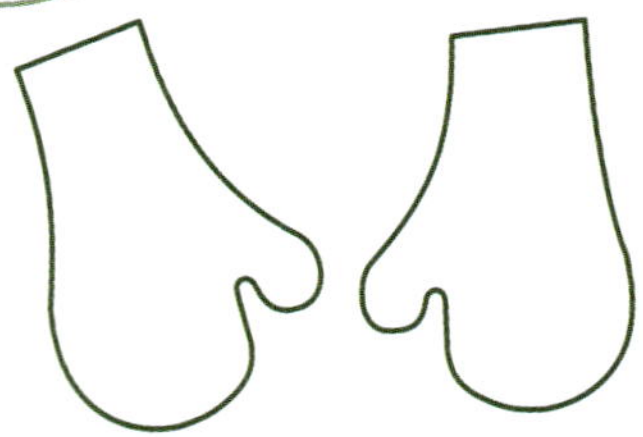

Cartes étoilées

page 229

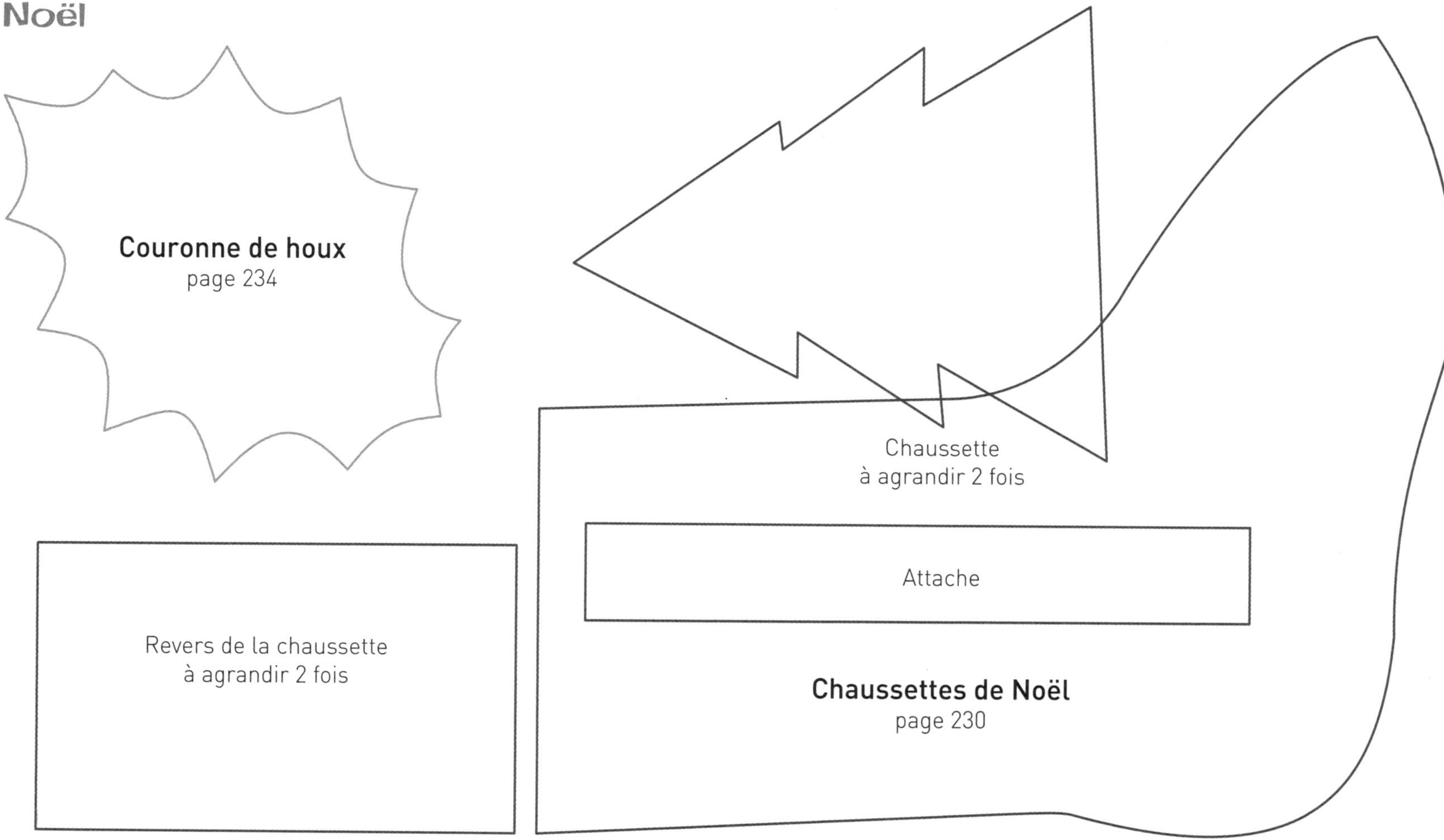
Couronne de houx
page 234
Revers de la chaussette
à agrandir 2 fois
Chaussette
à agrandir 2 fois
Attache
Chaussettes de Noël
page 230